もくじ

技術・家庭　1～3年

ココが要点　予想問題

自分の予定を書こう。

JN096428

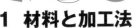
1 材料と加工法
2 製作品の設計・製図

満点ミッション

❶辺材
幹の周辺部の色のうすい部分。

❷心材
幹の中心部の色の濃い部分。

❸晩材
夏から秋にかけて成長した部分。夏材ともいう。

❹早材
春から夏にかけて成長した部分。春材ともいう。

❺木表
板目材(板目板)で,樹皮側の面。

❻木材の繊維方向
木材の繊維に沿った方向。木材の組織は管を束ねたような構造をしているため,木材は方向によって強さが大きく異なる。

❼塑性
金属に大きな力を加えたとき,金属が変形したまま元の形に戻らなくなる性質。

❽合金
溶かした金属にほかの金属や元素を加えて固めたもの。

テストに出る! ココが要点

1 木材の特徴

(1) 木材の名前

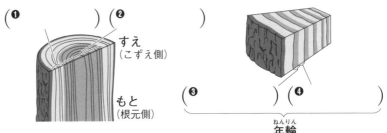

(❶) (❷)

すえ (こずえ側)

もと (根元側)

(❸) (❹)

年輪

まさ目材(まさ目板)

こぐち (繊維方向に垂直な面)

こば (繊維方向に平行な面)

板目材(板目板)

木表 (樹皮側の面)

木裏 (中心側の面)

(2) 板目材(板目板)は,乾燥すると (❺) 側に反る。

(3) 木材の (❻) 方向を考えると,右の図のAとBでは,Aの板材のほうが割れにくい。

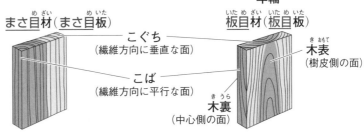

A 力

B 力

2 金属の特徴

(1) 金属の性質

● **弾性**…加えた力が**小さいとき**,力を除くと元の形に戻る性質。

● (❼)…加えた力が**大きいとき**,力を除いても変形したまま元の形に戻らない性質。

● **展性**…たたくとうすく広がる性質。

● **延性**…引っ張ると細長く延びる性質。

(2) ある金属を溶かし,ほかの金属や元素を加えて固めたものを (❽) という。

3 プラスチックの特徴

(1) 熱を加えるとやわらかくなるプラスチックを<u>熱可塑性</u>プラスチックといい,熱を加えてもやわらかくならないプラスチックを<u>熱硬化性</u>プラスチックという。

4 丈夫にする方法

（1） 構造の工夫

弱い構造

斜め材を入れ，
三角形の構造
にする。

全面を板で
固定する。

四隅を補強材
で固定する。

（2） 断面の形の工夫と曲げ強さ

折り曲げ　　ふち巻き

折り返し　　波形

Ⅰ形　　H形　　山形
　　　　　　　　（L形）

曲げ強さは，
A：B：C = 1：2：4

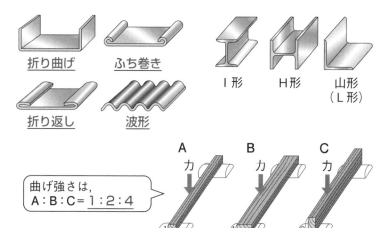

5 製図

（1） （❾　　　　　）図…立体の底面の直角に交わる2辺を水平線に対して30°傾け，立体の縦，横，高さの比率を等しく表す。

（2） 第三角法による（❿　　　　　）図…立体の手前に互いに直角に交わる3つの画面を置き，各画面に対して正面の方向から見た形をそのまま画面に映したと考えてかく。

（3） （⓫　　　　　）図…立体の正面を実物と同じ形にかき，奥行きの辺を右方向に45°傾けて実際の長さの2分の1の割合でかく。

▼等角図　　　▼第三角法による
　　　　　　　　正投影図　　　▼キャビネット図

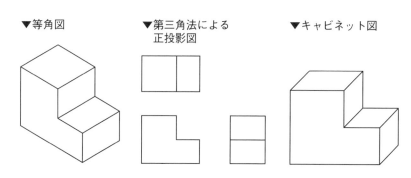

満点◉ミッション

❾ 等角図
立体全体の形を表すのに適した図。

30°　　30°

❿ 第三角法による正投影図
部品の正確な形を表現することができる図。平面図（平画面），正面図（立画面），右側面図（側画面）からなる。

⓫ キャビネット図
立体の正面を正確に表すのに適した図。

45°

▼寸法補助記号

用途	記号
直径	φ（まる）
半径	R（あーる）
板の厚さ	t（てぃー）
正方形の辺	□（かく）
45°の面取り	C（しー）
穴の深さ	▽（あなふかさ）

予想問題 **1 材料と加工法(1)**

⏱ 30分

/100点

1 よく出る **木材の特徴について，あとの問いに答えなさい。** 3点×10〔30点〕

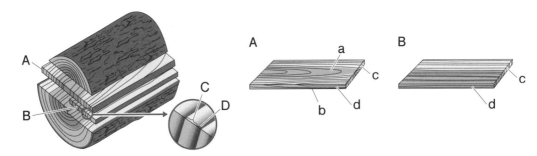

(1) 木材から切り出した**A**，**B**の材料をそれぞれ何というか。

A（　　　　　　） B（　　　　　　）

(2) 木材の**C**，**D**の部分を何というか。次の⎯⎯からそれぞれ選びなさい。

C（　　　　　　） D（　　　　　　）

> こば　　こぐち　　すえ　　もと　　木表　　木裏
>
> 心材　　早材　　辺材　　晩材　　年輪

(3) 木材で，**C**と**D**からなり，断面に同心円状に見られるものを何というか。(2)の⎯⎯から選びなさい。　　　　　　　　　　（　　　　　　）

(4) **A**の木材で，**a**，**b**の面を何というか。(2)の⎯⎯からそれぞれ選びなさい。

a（　　　　　　） b（　　　　　　）

(5) **A**，**B**の木材で，**c**，**d**の面を何というか。(2)の⎯⎯からそれぞれ選びなさい。

c（　　　　　　） d（　　　　　　）

(6) 幹の周辺部の色のうすい部分を何というか。(2)の⎯⎯から選びなさい。

（　　　　　　）

2 木材の強さや変形について，次の問いに答えなさい。 3点×4〔12点〕

(1) 図1で，**A**と**B**のように力を加えた。力に対して強いのは，**A**，**B**のどちらのときか。

（　　　）

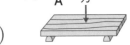

(2) 木材の繊維を拡大するとどのような構造になっているか。（　　　　　　）

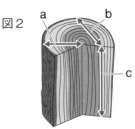

(3) 板目材とまさ目材で，より大きく変形するのはどちらか。（　　　　　　）

(4) 図2の**a**〜**c**で，木材の収縮率が最も大きいのはどの方向か。（　　　）

③ 木材と木質材料の種類について，次の問いに答えなさい。　　3点×6〔18点〕

(1)　主に家具などに用いられるのは，針葉樹材と広葉樹材のどちらか。
　　　　　　　　　　　　　　　　　　　　　　　　　　　（　　　　　　　）

(2)　スギ，ケヤキ，ヒノキ，キリのうち，針葉樹はどれか。すべて選びなさい。
　　　　　　　　　　　　　　　　　　　　　　　　　　（　　　　　　　）

(3)　次の木質材料を何というか。下の◻◻◻◻からそれぞれ選びなさい。
　　① 単板を，繊維方向が直角になるように，交互に奇数枚接着したもの。
　　　　　　　　　　　　　　　　　　　　　　　　（　　　　　　　）

　　② 小さな板材や角材を，繊維方向をそろえて接着したもの。
　　　　　　　　　　　　　　　　　　　　　　　　（　　　　　　　）

　　③ 木材の小片を，接着剤を用いて熱圧成形したもの。　（　　　　　　　）

　　④ 木材を繊維状にし，接着剤を用いて熱圧成形したもの。（　　　　　　　）

> 合板　　パーティクルボード　　ファイバーボード　　集成材

④ 金属の特徴について，次の問いに答えなさい。　　4点×8〔32点〕

(1)　**よく出る**　金属にみられる，次の4つの性質をそれぞれ何というか。
　　　　　　　　　　　①（　　　　　　　）　②（　　　　　　　）
　　　　　　　　　　　③（　　　　　　　）　④（　　　　　　　）

①　　　　　　　　　②　　　　　　　　　③　　　　　　　　　④

小さな力を加えた　　大きな力を加えた　　たたくとうすく広が　　引っ張ると細長く
とき，力を除くと　　とき，力を除いても　　る。　　　　　　　　延びる。
元に戻る。　　　　　元に戻らなくなる。

(2)　変形した部分の組織が変化してかたくなることを何というか。（　　　　　　　）

(3)　溶かした状態でほかの金属や元素を加え，冷やして固めたものを何というか。
　　　　　　　　　　　　　　　　　　　　　　　　　（　　　　　　　）

(4)　鉄と炭素の(3)のものは，何と呼ばれる量(％)の違いによって鋼や鋳鉄に大別されるか。
　　　　　　　　　　　　　　　　　　　　　　　　　（　　　　　　　）

(5)　溶けた金属を型に流し込んで固める加工法を何というか。（　　　　　　　）

⑤ プラスチックについて，次の問いに答えなさい。　　4点×2〔8点〕

(1)　熱を加えるとやわらかくなるプラスチックを何プラスチックというか。
　　　　　　　　　　　　　　　　　　　　　　　　　（　　　　　　　）

(2)　熱を加えてもやわらかくならないプラスチックを何プラスチックというか。
　　　　　　　　　　　　　　　　　　　　　　　　　（　　　　　　　）

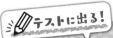

予想問題　1　材料と加工法(2)
　　　　　2　製作品の設計・製図

⏱ 30分

/100点

1 図1は弱い構造を，図2は構造を丈夫にする方法を示したものである。これについて，あとの問いに答えなさい。

5点×2〔10点〕

図1

図2　　　A　　　　　　　　B　　　　　　　　C

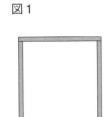

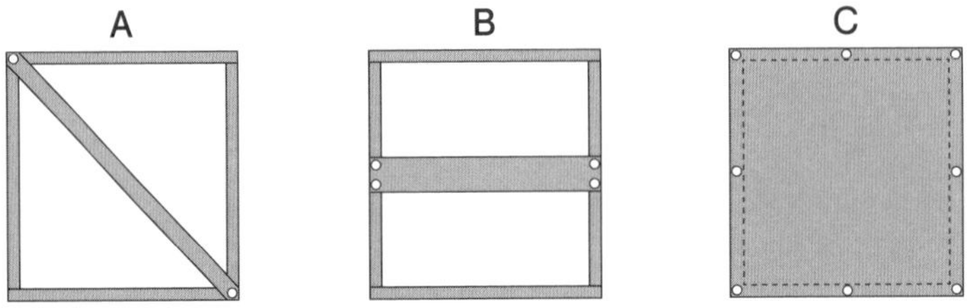

(1) 図2のAでは，どのような形の構造にすることで丈夫にしているか。

（　　　　　　　　）

(2) 図2のBとCでは，どちらの構造のほうが丈夫か。　（　　　　　）

2 曲げの作用を受ける部材を丈夫にするための工夫について，あとの問いに答えなさい。

5点×8〔40点〕

図1　　A　　　B

図2　　E　　F　　G

図3　　a　　b　　c

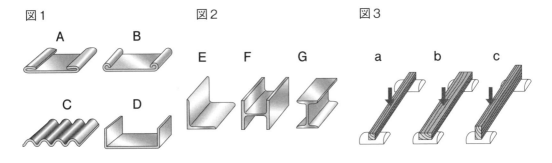

(1) 図1のA〜Dは，うすい金属などの板の断面の形の工夫である。それぞれ何という形か。次の　　　　から選びなさい。　　A（　　　　　　　）　B（　　　　　　　）

C（　　　　　　　）　D（　　　　　　　）

> H形　　I形　　山形　　波形　　ふち巻き　　折り返し　　折り曲げ

(2) 図2のE〜Gは，鉄骨などの棒材の断面の形の工夫である。それぞれ何という形か。(1)の　　　　から選びなさい。　　E（　　　　　　　）　F（　　　　　　　）

G（　　　　　　　）

(3) **よく出る** 図3で，aを基準とし，bは幅を2倍に，cは高さを2倍にした。このとき，a，b，cの曲げ強さの比は何：何：何か。

a：b：c＝（　　　　　　　　　）

3 製図のきまりについて，次の問いに答えなさい。　5点×7〔35点〕

(1) 立体の全体の形を表すのに適しているものを，次から選びなさい。　(　　)

ア 等角図　**イ** 第三角法による正投影図

(2) 製図のときに太線の実線で表されるものを，次から選びなさい。　(　　)

ア 中心線　**イ** 想像線　**ウ** 外形線　**エ** 隠れ線　**オ** 寸法線

(3) 次の①～⑤の内容を，寸法補助記号を用いて表しなさい。

① 直径10mmの円形断面　(　　　　)

② １辺２cmの正方形断面　(　　　　)

③ 45°で３mmの面取り　(　　　　)

④ 板の厚さ１cm　(　　　　)

⑤ 半径５mmの円弧　(　　　　)

作図　4 よく出る　図１を等角図で，図２を第三角法による正投影図でそれぞれ表しなさい。また，図３をキャビネット図で表しなさい。　5点×3〔15点〕

図１

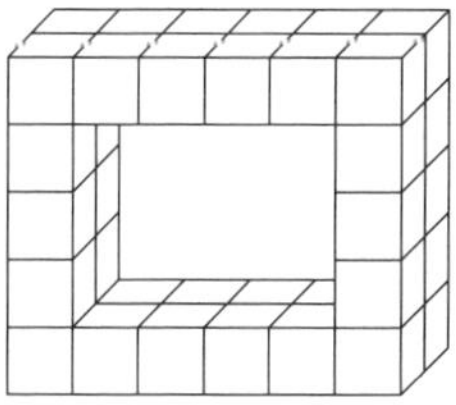

図２

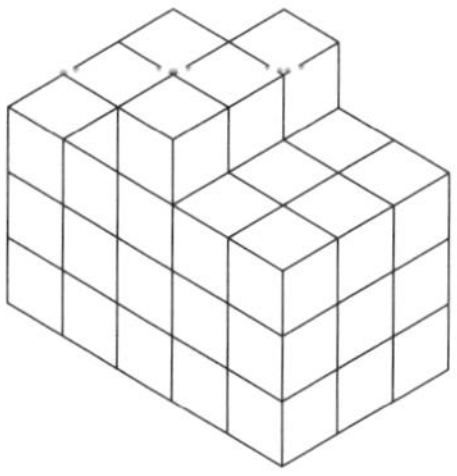

図３

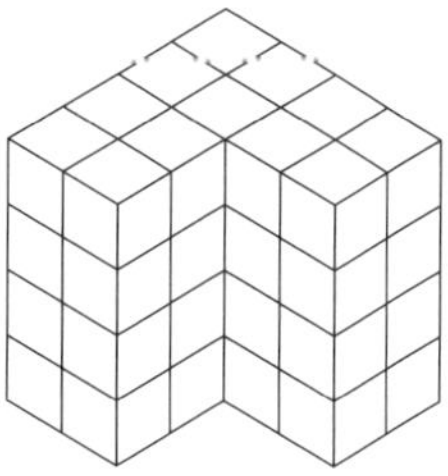

図１

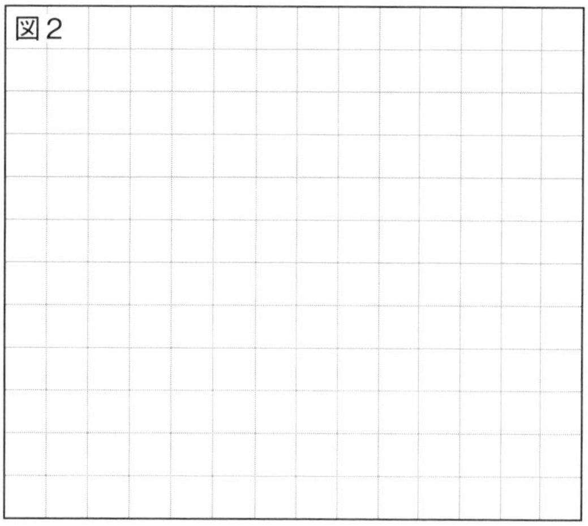
図２

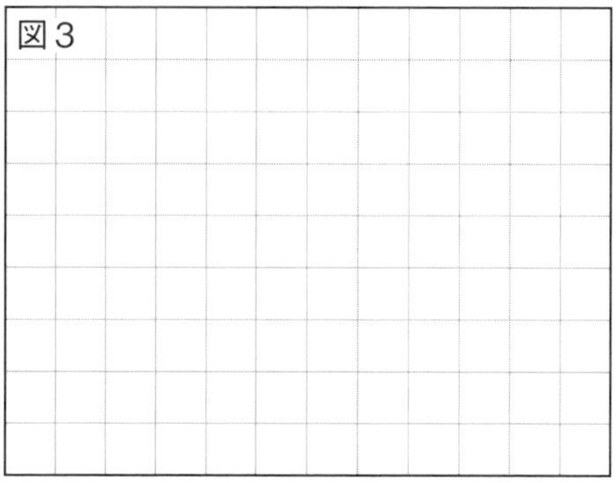
図３

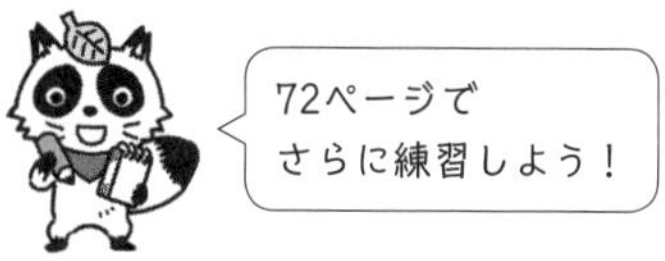
72ページで
さらに練習しよう！

@ポイント攻略！　実習で製作した作品の等角図，第三角法による正投影図をかいてみよう。➡ 4

解答 p.2

3 製作品の製作
4 材料と加工の技術のあり方

満点◎ミッション

❶けがき
材料を切断するときなどに必要な線を材料にかくこと。

❷さしがね
木材のけがきで使用する，次の図の工具。

❸仕上がり寸法線
材料にけがく，次の図のAの線。

❹縦びき
木材の繊維方向と平行に切ること。

❺横びき
木材の繊維方向に対して直角に切ること。

❻あさり
のこぎりの刃に見られる右の図の構造。

❼おねじ
ダイスを用いてつくるねじ。

❽げんのう
くぎを打つときに使用する，次の図の工具。

テストに出る！ ココが要点

1 材料のけがき

(1) (**❶**   )…材料を切断するときや，削るとき，組み立てるときなどに必要な線や印を材料にかくこと。

● 木材…(**❷**   )や直角定規を使用し，必要な線や印を鉛筆でけがく。

● 金属…鋼尺や直定規を使用し，けがき針でけがく。穴や円のけがきはセンタポンチを使用する。

(2) 木材の場合，切り代や削り代を考えて切断線（材料取り寸法線）と(**❸**   )線を引く。

2 両刃のこぎり

(1) 各部の名前

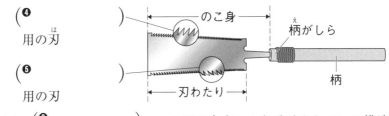

(**❹**   ) 用の刃

(**❺**   ) 用の刃

(2) (**❻**   )…のこ刃が左右にふり分けられている構造。

3 材料の加工

(1) かんながけ…木材をかんなで削ること。こば削り，こぐち削りなどがある。

● ならい目方向に削るようにする。さか目方向に削るときは，裏金を使う。

(2) やすりがけ…狭い範囲をきれいに削ることができる直進法と，広い面を荒削りできる斜進法がある。

(3) ねじ切り…タップでめねじを，ダイスで(**❼**   )をつくる。

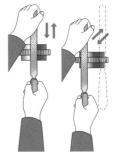

直進法　　斜進法

(4) 検査と修正…穴の直径や深さを精度よく測定したいときには，ノギスを使う。

4 接合と仕上げ

(1) くぎ接合…きりで下穴をあけ，(**❽**   )でくぎを打つ。

(2) 素地磨き…研磨紙は，番号の大きいものほど目が細かい。

テストに出る！

予想問題 3 製作品の製作(1)

⏱20分

/100点

1 材料に線や印をかく作業について，あとの問いに答えなさい。 7点×10〔70点〕

図1

A   B   C   D

図2

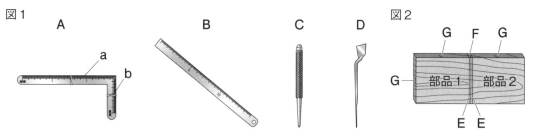

(1) **よく出る** 図1で，A〜Dの工具を何というか。次の◌◌◌◌からそれぞれ選びなさい。

A（ 　　　　　 ）　B（ 　　　　　 ）

C（ 　　　　　 ）　D（ 　　　　　 ）

> センタポンチ　　けがき針　　鋼尺　　さしがね　　仕上がり寸法線　　切断線

(2) 図1のAの工具で，a，bの部分をそれぞれ何というか。

a（ 　　　　　 ）　b（ 　　　　　 ）

(3) 図2のように，材料を切断するときや切断した部品を削るときなどに必要な線を材料に
かくことを何というか。　　　　　　　　　　　　　　　（ 　　　　　 ）

(4) 図2で，部品1と部品2の間にある線E，Fを何というか。(1)の◌◌◌◌からそれぞれ選び
なさい。　　　　　　　E（ 　　　　　 ）　F（ 　　　　　 ）

(5) 図2で，寸法を測るときの基準となる平らな面にはGの印をつける。この面を何という
か。　　　　　　　　　　　　　　　　　　　　　　　（ 　　　　　 ）

2 両刃のこぎりについて，あとの問いに答えなさい。 5点×6〔30点〕

図1

A

B

図2

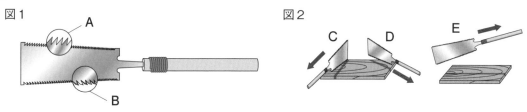

(1) **よく出る** 図1で，横びき用の刃を示しているのはA，Bのどちらか。 （ 　　 ）

(2) 図2で，C〜Eの切り方をするとき，それぞれ図1のA，Bのどちらの刃を用いるか。

C（ 　 ）　D（ 　 ）　E（ 　 ）

(3) 両刃のこぎりに見られるあさりの役割について，次の文の（ ）にあてはまる語句を書
きなさい。　　　　　　①（ 　　　　　 ）　②（ 　　　　　 ）

> 摩擦を（ ① ）したり，切りくずを（ ② ）やすくしたりする役割がある。

予想問題 3 製作品の製作(2)
4 材料と加工の技術のあり方

⏱ 30分

/100点

1 かんながけやすりがけについて，あとの問いに答えなさい。　　4点×10〔40点〕

図1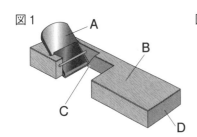

図2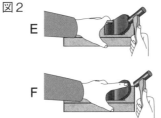

図3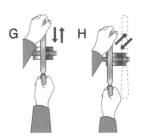

(1) 図1はかんなを示したものである。A〜Dの部分を何というか。次の⬚⬚⬚からそれぞれ選びなさい。

A (　　　　　　　　)　　B (　　　　　　　　)

C (　　　　　　　　)　　D (　　　　　　　　)

> 裏金　　うわば　　かんな身　　くず返し　　さか目削り
> 斜進法　　台じり　　直進法　　ならい目削り

(2) 図2で，図1のAの部分を抜いているのは，E，Fのどちらか。　　(　　　　　)

(3) かんながけで，表面が荒くなってしまう削り方を何というか。(1)の⬚⬚⬚から選びなさい。

(　　　　　　　　　)

(4) **よく出る** かんながけで(3)の削り方になってしまうとき，何を効かせると荒さを小さくできるか。(1)の⬚⬚⬚から選びなさい。　　(　　　　　　　　)

(5) 図3は，金属のやすりがけのしかたを示したものである。G，Hのやすりがけのしかたを何というか。(1)の⬚⬚⬚からそれぞれ選びなさい。

G (　　　　　　　　)　　H (　　　　　　　　)

(6) 図3で，広い面を荒削りするのに適したやすりがけのしかたは，G，Hのどちらか。

(　　　　　)

2 右の図の工具について，次の問いに答えなさい。　　3点×4〔12点〕

A　　　　　　　　　　　　　　B

(1) A，Bの工具をそれぞれ何というか。

A (　　　　　　　　)

B (　　　　　　　　)

(2) 木材の曲線びきや切り抜きに適した工具は，A，Bのどちらか。　　(　　　)

(3) 木材に穴をあけるのに適した工具は，A，Bのどちらか。　　(　　　)

3 ねじ切りについて，次の文の（　　）にあてはまる語句を，下の┈┈┈┈から選びなさい。

> 　図のAを（　①　）といい，Bを（　②　）という。AをBに取りつけて回すと，（　③　）をつくることができる。図のCを（　④　）といい，Dを（　⑤　）という。CをDに取りつけて回すと，（　⑥　）をつくることができる。

① (　　　　　　　　)
② (　　　　　　　　)
③ (　　　　　　　　)
④ (　　　　　　　　)
⑤ (　　　　　　　　)
⑥ (　　　　　　　　)

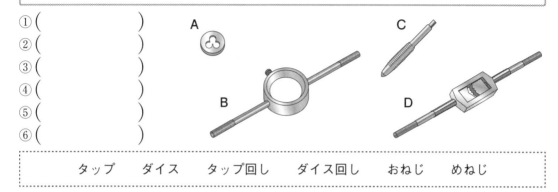

┈┈┈┈┈┈┈┈┈┈┈┈┈┈┈┈┈┈┈┈┈┈┈┈┈┈┈┈┈┈┈┈┈┈┈
　　タップ　　ダイス　　タップ回し　　ダイス回し　　おねじ　　めねじ
┈┈┈┈┈┈┈┈┈┈┈┈┈┈┈┈┈┈┈┈┈┈┈┈┈┈┈┈┈┈┈┈┈┈┈

4 部品の検査，接合と仕上げについて，あとの問いに答えなさい。

図1　　　　　　　　　　図2　　　　　　　　　　　　　図3

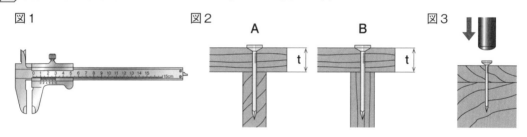

(1)　部品の寸法を精度よく測定するときに用いる，図1の工具を何というか。

(　　　　　　　　)

(2)　図2のAのようにくぎ接合を行うとき，くぎの長さは t の何倍くらいにするか。次から選びなさい。　　　　　　　　　　　　　　　　(　　　)

　　ア　2倍くらい　　　イ　2.5倍くらい　　ウ　3倍くらい

(3)　図2のBのようにくぎ接合を行うとき，くぎの長さは t の何倍くらいにするか。次から選びなさい。　　　　　　　　　　　　　　　　(　　　)

　　ア　2倍くらい　　　イ　2.5倍くらい　　ウ　3倍くらい

(4)　図3で，くぎ打ちの最後はげんのうのどの面で打つか。次から選びなさい。　(　　　)

　　ア　平らな面　　イ　曲面

記述 (5)　**よく出る**　図3で，くぎ打ちの最後を(4)の面で打つのはなぜか。簡単に書きなさい。

(　　　　　　　　　　　　　　　　　　　　　　　　　　　　　)

(6)　素地磨きで使用する研磨紙について，次から正しいものを選びなさい。　(　　　)

　　ア　研磨紙の番号が大きいものほど，目が細かい。

　　イ　研磨紙の番号が小さいものほど，目が細かい。

1 生育環境と育成技術①
2 生物の栽培・飼育①

満点◈ミッション

❶土壌環境

植物の育成に影響す
る環境要因のうち，
土壌中の養分や水分
などのこと。

❷団粒構造

土の粒子が集まって
小さな塊になってい
る土壌。栽培に適し
ている。

❸肥料の三要素

窒素，リン，カリウ
ムのこと。植物の生
育に大きく影響する
主要な3つの養分。

❹間引き

苗の品質や発育をそ
ろえるために行う，
苗を抜く作業。

❺摘芽

わき芽を摘み取る次
の図の作業。

❻露地栽培

屋外の畑で栽培する
方法。

❼輪作

異なる科の作物を一
定の順序で栽培する
こと。連作障害を防
ぐために行う。

✎テストに出る！ ココが要点

1 植物を育てる技術 ★

(1) 植物を育てる技術…環境を調整する技術，成長を管理する技術，品種改良などの技術。

(2) 植物の育成に影響する環境要因

● 気象環境…光，温度，雨など。

● 生物環境…雑草や小動物，昆虫など。

● (❶   )環境…土壌中の養分，水分，空気など。

2 植物の育成 ★

(1) 土壌の構造

単粒構造   (❷   )構造

植物の成長に
適している。

(2) 肥料…初期の成長を促す元肥と，生育状況に応じて与える追肥があり，有機質肥料や無機質肥料を適切に用いる。

● 肥料の(❸   )…窒素，リン，カリウム。

(3) 作物の管理技術

● かん水…水をやる作業。

● (❹   )…苗が混み合っているときや栽培に適さない苗があるときなどに，苗を抜いて適切な数に減らす作業。

● 定植…苗を植えつける作業。

● 支柱立て，誘引…茎が倒れないように支柱を立て，茎が伸びたら支柱に沿って茎をひもなどで固定する作業。

● (❺   )…茎や果実に栄養分を集中させて成長を促すために，わき芽(えき芽)を摘み取る作業。

● 摘芯…結実やわき芽の成長を促すために，茎の先端を摘み取る作業。

(4) 作物の栽培方法…畑などの屋外で育てる(❻   )栽培や，培養液に根を張らせて育てる水耕栽培(養液栽培)などがある。

(5) 連作障害…同じ場所に同じ科の作物を連続して栽培すると，生育が悪くなること。(❼   )をするとよい。

 テストに出る！

予想問題　**1　生育環境と育成技術①(1)**
　　　　　　2　生物の栽培・飼育①(1)

⏰ 20分

/100点

1 植物を育てる技術について，次の問いに答えなさい。　　　　7点×10〔70点〕

(1)　植物の成長に影響を与える環境要因について，次の表の(　　)にあてはまる語句を，右の┈┈┈から選びなさい。

①(　　　　　　)　②(　　　　　　)　③(　　　　　　)
④(　　　　　　)　⑤(　　　　　　)　⑥(　　　　　　)

環境要因	例
(①)環境	光，降水量，(②)など。
(③)環境	鳥，(④)，小動物，病原菌，微生物など。
(⑤)環境	土壌中の水分や(⑥)，空気，粒子など。

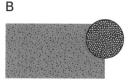

土壌
気象
養分
生物
雑草
温度

(2)　より役立つ新しい品種をつくり出すために行われる，植物の特徴を改良する技術を何というか。　　　　　　　　　　　　　　　　　　　(　　　　　　　　)

(3)　**よく出る** 右の図は土壌の構造を示したものである。それぞれ何という構造か。

　　A(　　　　　　　)
　　B(　　　　　　　)

A　　　　　　　　B

(4)　右の図で，作物の栽培に適した土壌はA，Bのどちらか。　　　(　　　　)

2 種まきの方法について，次の問いに答えなさい。　　　　5点×6〔30点〕

(1)　次のA〜Cの種まきの方法を何というか。右の┈┈┈からそれぞれ選びなさい。

A(　　　　　　)　B(　　　　　　)　C(　　　　　　)

A 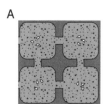　　B 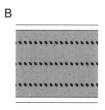　　C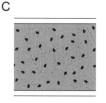

すじまき
ばらまき
点まき

(2)　ダイコンなどの大きな種をまくときには，(1)のA〜Cのどの方法が適しているか。
　　　　　　　　　　　　　　　　　　　　　　　　　　　　　　(　　　　)

(3)　レタスなどの細かい種をまくときには，(1)のA〜Cのどの方法が適しているか。
　　　　　　　　　　　　　　　　　　　　　　　　　　　　　　(　　　　)

(4)　ホウレンソウなどの一般的な大きさの種をまくときには，(1)のA〜Cのどの方法が適しているか。　　　　　　　　　　　　　　　　　　　　　　(　　　　)

@ポイント攻略！ 栽培ごよみ(栽培カレンダー)の見方も確認しておこう。➡ **1**

予想問題

1　生育環境と育成技術①(2)
2　生物の栽培・飼育①(2)

⏱30分

/100点

1 肥料について，次の問いに答えなさい。　　　　　　　　　　　　4点×7〔28点〕

(1) 肥料の三要素について，次の働きをもつ要素はそれぞれ何か。下の⬚から選んで答えなさい。

① 主に，根，茎，葉の成長に役立つ。　　　　　　　　　　（　　　　　　　）

② 主に，成長の盛んな花や果実，新根などの成長に役立つ。（　　　　　　　）

③ 主に，光合成を盛んにして，果実や根の成長を促す。　　（　　　　　　　）

> カリウム　　カルシウム　　マグネシウム　　リン　　窒素

(2) **よく出る** 定植の前にあらかじめ与える肥料を何というか。　（　　　　　　　）

(3) (2)に対し，生育の状況に応じて追加する肥料を何というか。　（　　　　　　　）

(4) 動物の排せつ物や動植物などを原料にした肥料を何というか。（　　　　　　　）

(5) (4)に対し，化学合成された肥料を何というか。　　　　　　　（　　　　　　　）

2 **よく出る** 成長を管理する技術について，次の問いに下の⬚から選んで答えなさい。　　　　　　　　　　　　　　　　4点×7〔28点〕

図1

(1) 土の表面が乾いてきたときに，水をやる作業を何というか。　　　　　　　　　　　　　　　　　　　　（　　　　　　　）

(2) 苗が混み合っている状態のときに，苗を適切に成長させるために少数を残して抜く作業を何というか。
　　　　　　　　　　　　　　　　　　　（　　　　　　　）

(3) 成長した苗を植えつけることを何というか。
　　　　　　　　　　　　　　　　　　　（　　　　　　　）

図2

(4) 図1のように，茎をひもなどで支柱に結びつける作業を何というか。　　　　　　　　（　　　　　　　）

(5) 図2のように，茎や果実に栄養分を集中させて成長を促すために，わき芽を摘む作業を何というか。
　　　　　　　　　　　　　　　　　　　（　　　　　　　）

(6) 図3のように，茎の先端を摘むことで，結実やわき芽の成長を促す作業を何というか。　　（　　　　　　　）

(7) ナスなどの栽培で，最初にできた実を小さいうちに取り除く作業を何というか。　　　　（　　　　　　　）

図3

> 定植　　摘芯　　摘果　　摘芽　　間引き
> 誘引　　受粉　　かん水

3 病害虫について，次の問いに答えなさい。　　　　　　　　　　　　4点×6〔24点〕

(1) 葉の表面が粉をまぶしたように白くなり，枯れることもある病害虫名を何というか。次から選びなさい。　　　　　　　　　　　　　　　　　　　　　　　　　　（　　　）

　　ア　アブラムシ　　イ　ヨトウムシ
　　ウ　ウドンコ病　　エ　尻腐れ症

(2) (1)が発生したときは，どのように対処するとよいか。次から選びなさい。（　　　）

　　ア　カルシウム剤を散布する。
　　イ　見つけたら取り除く。
　　ウ　風通しをよくする。
　　エ　防鳥ネットを張る。

(3) 夜に土の中から出てきて茎や葉を食べてしまう，雑食性の病害虫名を何というか。(1)のア〜エから選びなさい。　　　　　　　　　　　　　　　　　　　　　　（　　　）

(4) 葉の裏や茎について汁液を吸う病害虫名を何というか。(1)のア〜エから選びなさい。
　　　　　　　　　　　　　　　　　　　　　　　　　　　　　　　　　　（　　　）

(5) 同じ土壌に連続して同じ科の作物を栽培したときに，病虫害が発生しやすくなったり，生育が悪くなったりすることを何というか。　　　　　　　　（　　　　　）

(6) (5)を防ぐために，異なる科の作物を一定の順序で栽培することを何というか。漢字2文字で書きなさい。　　　　　　　　　　　　　　　　　　　　（　　　　　）

4 栽培方法について，次の問いに答えなさい。　　　　　　　　　　　　4点×4〔16点〕

(1) 次の栽培方法を何というか。右の┈┈からそれぞれ選んで答えなさい。

┌──────────┐
│　露地栽培　│
│　水耕栽培　│
│　容器栽培　│
└──────────┘

　　① 屋外の畑などで栽培する方法。　　　　　（　　　　　）
　　② プランターや鉢などで栽培する方法。　　（　　　　　）
　　③ 土を使わず，培養液に根を張らせて栽培する方法。
　　　　　　　　　　　　　　　　　　　　　　（　　　　　）

(2) 植物の育成に必要な条件を人工的に管理して野菜などを栽培する施設を，漢字4文字で何というか。　　　　　　　　　　　　　　　　　　　　　（　　　　　）

5 植物を育てる技術について，正しいものすべてに〇を書きなさい。　　　　〔4点〕

①（　　） よい苗とは，茎が細く徒長していて，葉が小さく，子葉がないものである。

②（　　） 同じ種類の作物でもさまざまな品種があり，特にダイコンは日本各地で100種類以上の品種が栽培されている。

③（　　） 黒いフィルムでうねを覆い，土の水分を保ったり雑草の発芽を防止したりしながら育てる方法を，マルチ栽培という。

④（　　） 消費者の安全や安心のため，農薬の使用を控えたり，有機農業を行ったりする農家がある。

1　生育環境と育成技術②　2　生物の栽培・飼育②
3　生物育成の技術のあり方

満点ミッション

❶品種改良
人の目的に合わせて，生物の能力や姿，形などを改良する技術。

❷給餌
家畜に餌を与えること。種類や量，栄養素などに配慮して与える。

❸搾乳
乳牛の飼育で，出産から約10か月間行う作業。乳をしぼること。

❹養殖技術
人の手によって水産生物を管理する技術。

❺増殖技術
海や川などの自然環境を利用して水産生物を増やす技術。放流や移植など。

❻天然林
自然に形成された森林。日本の森林の約6割を占める。

❼人工林
人が植栽してできた森林。日本の森林の約4割を占める。

❽間伐
ある高さまで成長した木を間引きして，その数を減らす作業。

テストに出る！ココが要点

1　動物を育てる技術
(1)　**家畜**…人が飼育し，利用する動物のこと。食用，衣料用，労働力用などとして利用される。
- 家畜は，人間の目的に合わせて（❶　　　　　　）がなされてきた。

(2)　家畜を管理する技術
- 環境や衛生の管理…畜舎の清掃，除ふん，換気など。
- （❷　　　　　　）…生育に必要な栄養素を与えること。
- 乳牛では，出産から約10か月間，（❸　　　　　　）を行う。
- 動物の**習性**を考慮して作業を行う。
- 動物を**ストレス**にあわせないようにするなど，**動物福祉**や生命倫理の視点も必要。

2　水産生物を育てる技術
(1)　**水産生物**…水辺や水中にすむ動植物で，人が利用できる生物のこと。

(2)　（❹　　　　　　）技術…人の手によって水産生物を管理する技術。
- **完全養殖**…人工生産の稚魚を育てる。
- **不完全養殖**…天然産の稚魚を育てる。
- **陸上養殖**…陸上の施設で養殖を行う。

(3)　（❺　　　　　　）技術…自然環境を利用して，水産生物を増やす技術。移植や**放流**など。

3　森林を育てる技術
(1)　日本の森林
- （❻　　　　　　）…人が植栽せずに，自然に形成された森林。
- （❼　　　　　　）…木材生産などの目的で，人が植栽してできた森林。

(2)　森林の役割…**自然環境**の保全，**土砂災害**の防止，持続可能な資源の再生産など，多くの役割がある。

(3)　森林を育てる技術
- （❽　　　　　　）…木がある高さまで成長すると，間引きしてその数を減らす作業。間伐材は，建築材や木質材料などの原料になるほか，バイオマス発電などにも利用される。

解答 p.4

予想問題
1 生育環境と育成技術②　　2 生物の栽培・飼育②
3 生物育成の技術のあり方

⏱ 20分

/100点

1 動物や水産生物を育てる技術について，次の問いに答えなさい。　　10点×8〔80点〕

(1) ウシやブタ，ニワトリ，ウマなど，食用や農耕などの労働力として，人が飼育し，利用する動物のことを何というか。（　　　　　　　）

(2) 乳牛の飼育で，次の作業をそれぞれ何というか。下の◻️◻️から選びなさい。

①　②　③

① ふん尿を処理する作業。（　　　　　　　）
② 餌を与える作業。（　　　　　　　）
③ 乳をしぼる作業。（　　　　　　　）

(3) 水産生物を育てる技術について，次の文の（　）にあてはまる語句を下の◻️◻️から選びなさい。　　①（　　　　　　）　②（　　　　　　）　③（　　　　　　）

> 人の手によって水産生物を管理する（　①　）技術と，海や川などの自然環境を利用して水産生物を増やす（　②　）技術がある。（　②　）技術には，（　③　）や移植がある。

> 搾乳　　給餌　　除ふん　　移植　　増殖　　養殖　　放流

(4) (3)の①の技術のうち，人工生産の稚魚を育てる技術を何というか。次から選びなさい。（　　　　　　）

ア　完全養殖　　イ　不完全養殖

2 森林を育成する技術について，次の問いに答えなさい。　　4点×5〔20点〕

(1) 森林について，次の文の（　）にあてはまる語句を下の◻️◻️から選びなさい。　　①（　　　　　　）　②（　　　　　　）　③（　　　　　　）

> 森林には，（　①　）を保全する働き，（　②　）の防止など，多くの役割がある。また，（　③　）な資源の再生産のためにも重要である。

> 土砂災害　　持続可能　　自然環境

(2) 人が植栽してできた森林を何というか。（　　　　　　）

(3) (2)の森林で，木がある高さまで成長したときに間引きする作業を何というか。（　　　　　　）

1 エネルギー変換

満点◎ミッション

❶**再生可能エネルギー**
枯渇の恐れがないエネルギー。

❷**火力発電**
化石燃料を燃やして水を蒸気に変え,タービンを回して発電する方法。

❸**水力発電**
落下する水の力で水車を回して発電する方法。

❹**原子力発電**
ウラン燃料の核分裂で発生する熱で水を蒸気に変え,タービンを回して発電する方法。

❺**地熱発電**
地熱で水を蒸気に変え,タービンを回して発電する方法。

❻**交流**
電圧の向きが周期的に変化する電源。1秒間の変化の回数を周波数という。

❼**ショート〔短絡〕**
導線の接触などにより,過大な電流が流れること。

❽**漏電**
水濡れなどにより,回路以外に電流が流れること。

テストに出る！ ココが要点

1 エネルギーの変換

(1) エネルギー変換効率（%）は下の式で求められる。

$$\frac{使用目的に利用されるエネルギー}{もととなる(供給される)エネルギー} \times 100$$

(2) （❶　　　　　）エネルギー…風力，太陽光，水力，地熱など，枯渇することがないエネルギー資源。

(3) （❷　　　　　）発電…化石燃料を使用する発電。二酸化炭素が多量に排出される。

(4) （❸　　　　　）発電…ダムなどの水を利用する発電。エネルギーの変換効率が高い。ダムを建設できる場所が限られている。

(5) （❹　　　　　）発電…核燃料を使用する発電。二酸化炭素を排出しない一方で，放射性物質の管理や事故が起こった際の対応に課題がある。

(6) 風力発電…風を利用する発電。天候に左右されやすい。騒音の問題がある。

(7) 太陽光発電…太陽光を利用する発電。天候に左右されやすい。日射量の少ない場所は適さない。

(8) （❺　　　　　）発電…火山などの地熱を利用する。開発コストが高く，場所の選定が困難である。

2 電気回路

(1) 電気機器は，電源（電池など）から得た電気エネルギーを負荷（モータなど）で利用する。

(2) 電源…電圧の向きが変わらない直流と，電圧の向きが周期的に変わる（❻　　　　　）がある。

3 電気機器の安全利用

(1) （❼　　　　　）…2本の導線が接触するなどして，過大な電流が流れること。火災の原因になる。

(2) （❽　　　　　）…故障や水濡れなどにより，回路以外に電流が流れること。

(3) 漏電遮断器…アース線が接続されていると，漏電したときに作動するブレーカ。

(4) 配線用遮断器…負荷に設定された値を超える電流が流れたときに作動するブレーカ。

予想問題 1 エネルギー変換(1)

⏱20分

/100点

1 エネルギー資源について，次の問いに答えなさい。 5点×4〔20点〕

(1) 化石燃料，太陽光，風力など，自然から得られるエネルギーを何というか。次から選びなさい。 （　　）

ア 再生可能エネルギー　　イ 一次エネルギー　　ウ 二次エネルギー

(2) 電気機器**A**では，100の電気エネルギーを熱エネルギーに変換し，80のエネルギーを利用できた。この電気機器のエネルギー変換効率は何％か。

（　　　　　）

(3) 電気機器**B**では，200の電気エネルギーを光エネルギーに変換し，50のエネルギーを利用できた。この電気機器のエネルギー変換効率は何％か。

（　　　　　）

(4) (2)，(3)の結果より，電気機器**A**と電気機器**B**でエネルギー変換効率が高いのはどちらか。次から選びなさい。 （　　　　　）

ア 電気機器**A**

イ 電気機器**B**

ウ どちらも同じ程度である。

2 **よく出る** 次の①〜⑥の発電方法について，あとの問いに答えなさい。 5点×16〔80点〕

① 火力発電	② 水力発電	③ 原子力発電
④ 風力発電	⑤ 太陽光発電	⑥ 地熱発電

(1) ①〜⑥の発電方法では，主にどのような資源を利用しているか。次の　　からそれぞれ選びなさい。　①（　　　　　）②（　　　　　）③（　　　　　）
④（　　　　　）⑤（　　　　　）⑥（　　　　　）

ダムの水　　核燃料　　風　　太陽光　　化石燃料　　地熱

(2) 再生可能エネルギーを利用した発電方法を，①〜⑥から4つ選びなさい。
（　　）（　　）（　　）（　　）

(3) 発電量が天候に左右されやすい発電方法を，①〜⑥から2つ選びなさい。
（　　）（　　）

(4) 二酸化炭素を多量に排出する発電方法を，①〜⑥から選びなさい。 （　　）

(5) ①〜⑥のうち，発電効率が最も高いものを選びなさい。 （　　）

(6) 放射性物質の管理に課題がある発電方法を，①〜⑥から選びなさい。 （　　）

(7) ①の発電方法のうち，燃焼ガスでガスタービンを回し，その排熱から発生させた蒸気で蒸気タービンを回す発電を何というか。 （　　　　　）

@ポイント攻略！ それぞれの発電方法の長所や短所を整理しよう。➡ **2**

⏱ 30分

/100点

予想問題 1 エネルギー変換(2)

1 電源の種類について、次の問いに答えなさい。 4点×4〔16点〕

(1) **A**のように、時間が経過しても電圧の向きが変わらない電源を何というか。
（　　　　　　）

A

＋
電圧 0
－
　　　　時間

B

＋
電圧 0
－
　　　　時間

(2) **B**のように、時間とともに電圧の向きが周期的に変わる電源を何というか。
（　　　　　　）

(3) **B**で、1秒間に繰り返す変化の回数を何というか。 （　　　　　　）

(4) 発電所から家庭のコンセントに送られてくる電気は、**A**、**B**のどちらか。 （　　　）

2 電気回路について、次の問いに答えなさい。 4点×7〔28点〕

📐作図 (1) **よく出る** 次の器具をそれぞれ電気用図記号で表しなさい。

名前	交流電源	モータ	ランプ	抵抗器
電気用図記号	①	②	③	④

📐作図 (2) 直流電源、モータ、スイッチをつないだ回路を回路図で右の▢に表しなさい。

(3) (2)の回路のモータのように、電気エネルギーを変換して利用する部分を何というか。 （　　　　　　）

(4) (2)の回路のスイッチを入れたとき、モータには3Vの電圧が加わり、0.5Aの電流が流れた。このとき、モータで消費した電力は何Wか。

（　　　　　　）

3 電気エネルギーを次のエネルギーに変換して利用している電気機器を、右の**A**〜**C**からそれぞれ選びなさい。

4点×3〔12点〕

A  電気ストーブ

B  モータ

C  LED電球

① 光エネルギー 　（　　）
② 運動エネルギー 　（　　）
③ 熱エネルギー 　（　　）

4 電気機器の安全利用について，次の問いに答えなさい。 3点×12〔36点〕

(1) 家庭などに設置されている，図の装置を何というか。右の □□□ から選びなさい。
（　　　　　　　　）

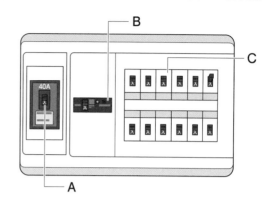

(2) (1)にある，A〜Cの機器を何というか。右の □□□ からそれぞれ選びなさい。
A（　　　　　　）
B（　　　　　　）
C（　　　　　　）

(3) 2本の導線が接触するなどして，過大な電流が流れることを何というか。
（　　　　　　　　）

(4) (3)などによって設定された値を超える電流が流れたときに作動する機器を，図のA〜Cから選びなさい。
（　　　）

電流制限器	分電盤（ぶんでんばん）
配線用遮断器	漏電遮断器

(5) 故障や水漏れなどにより，回路以外に電流が流れることを何というか。
（　　　　　　　　）

(6) (5)が起こったときに作動する機器を，図のA〜Cから選びなさい。 （　　　）

(7) (6)が作動するようにするため，洗濯機（せんたく）などには何を接続する必要があるか。
（　　　　　　　　）

(8) 契約した電流量を超えたときに作動する機器を，図のA〜Cから選びなさい。
（　　　）

(9) **よく出る** 定格電流が15Aのテーブルタップの使い方として安全であるものを，次から選びなさい。ただし，電圧は100Vとする。 （　　　）

ア　1200Wの電気ストーブと600Wの電気ポットをつなぐ。

イ　100Wの電気スタンドと500Wのテレビと600Wの電子レンジをつなぐ。

(10) 電源プラグとコンセントの間にたまったほこりが湿気（しっけ）を吸い込むことで電流が流れ，出火（こ）する現象を何というか。 （　　　　　　　　）

5 電気機器の保守点検について，次の問いに答えなさい。 4点×2〔8点〕

(1) 漏電や導通などを調べるために使用する右の図の機器を何というか。 （　　　　　　　）

(2) 右の図の機器で直接測定できることを，次からすべて選びなさい。 （　　　　　　　）

ア　電流　　　イ　電圧
ウ　消費電力量　エ　抵抗（ていこう）
オ　気温　　　カ　湿度（しつど）

解答 p.6

2 製作品の設計・製作
3 エネルギー変換の技術のあり方

満点ミッション

❶速度伝達比
駆動軸(原動車)と被動軸(従動車)の回転速度の比。

❷摩擦車
摩擦で回転運動を伝えるしくみの1つ。2軸の回転方向は逆である。

❸クランク
リンク機構で, 回転運動をするリンク。

❹てこ
リンク機構で, 揺動運動をするリンク。

❺てこクランク機構
クランクの回転運動をてこの揺動運動に変えることができるリンク機構。

❻カム機構
原動節とそれに沿って動く従動節からなるしくみ。

❼熱機関
ガソリン機関や蒸気タービンなどがある。蒸気タービンは, 発電にも用いられる。

❽はんだごて
はんだづけに用いる右の図の工具。

テストに出る！ ココが要点

1 動力伝達のしくみ ★

(1) (❶　　　　　　　　　　)は下の式で求められる。

$$\frac{駆動軸の回転速度}{被動軸の回転速度} \quad または \quad \frac{被動軸側の歯数}{駆動軸側の歯数}$$

● 被動軸側の歯数が多いほど, 被動軸側から得られる回転力(トルク)は大きくなる。

(2) かみ合いで動力を伝達するしくみ
● 回転する2軸が近いとき…**平歯車**, **かさ歯車**, **ラック**と**ピニオン**, **ウォームギヤ**。
● 回転する2軸が遠いとき…歯つき**プーリ**と歯つき**ベルト**, **スプロケット**と**チェーン**。

(3) 摩擦で動力を伝達するしくみ
● 回転する2軸が近いとき…(❷　　　　　　　)。
● 回転する2軸が遠いとき…**プーリ**と**ベルト**。

2 機構が動くしくみ ★

(1) **リンク機構**…4本のリンク(棒)で成り立ち, 運動の方向を変えることができるしくみ。

▼リンク機構

● (❸　　　　　　)…回転運動をするリンク。
● (❹　　　　　　)…揺動運動をするリンク。
● (❺　　　　　　)**機構**…最短のリンクが回転すると, 対辺にあるリンクが揺動運動をする。

固定リンク

(2) (❻　　　　　　)**機構**…カム(原動節)が回転することで従動節が往復運動や揺動運動を行うしくみ。

(3) (❼　　　　　　)…熱エネルギーを運動エネルギーに変換するしくみ。

3 自転車の保守点検 ★

(1) 自転車の保守点検…サドルの**高さ**が適切か, **ブレーキ**が確実に働くか, チェーンの**たるみ**がないか, タイヤの**空気圧**が適切か, ライトの**照らせる距離**が適切か, などを点検する。

4 いろいろな工具 ★

(1) **スパナ**…ボルトなどを締めたりゆるめたりするときに用いる。

(2) (❽　　　　　　)…はんだを溶かし込むときに用いる。

予想問題 2 製作品の設計・製作(1)

⏱20分

/100点

1 駆動軸(原動車)と被動軸(従動車)の回転速度の比について，次の問いに答えなさい。

10点×2〔20点〕

(1) 駆動軸と被動軸の回転速度の比を何というか。

( )

(2) 右の図のように，駆動軸側の歯車の歯数が14枚，被動軸側の歯車の歯数が28枚のとき，(1)の値を求めなさい。

( )

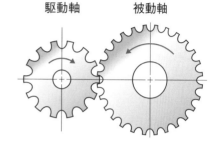

駆動軸　被動軸

2 **よく出る** 次の図は，いろいろな動力伝達のしくみを示したものである。これについて，あとの問いに答えなさい。

8点×10〔80点〕

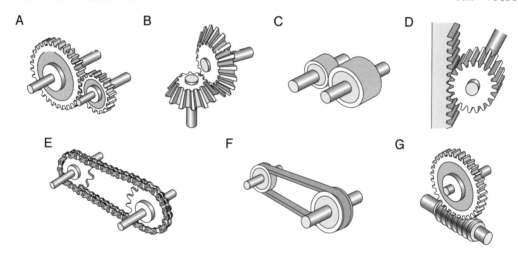

A　B　C　D

E　F　G

(1) 図のA〜Gを何というか。次の　　　からそれぞれ選びなさい。

A ( )　B ( )　C ( )

D ( )　E ( )　F ( )

G ( )

> かさ歯車　　平歯車　　摩擦車　　ラックとピニオン
> ウォームギヤ　　プーリとベルト　　スプロケットとチェーン

(2) 回転する2軸が遠いときに使われるしくみを，A〜Gからすべて選びなさい。

( )

(3) 往復直線運動を回転運動に，回転運動を往復直線運動に変えることのできるしくみを，A〜Gから選びなさい。

( )

(4) 摩擦で動力を伝達するしくみを，A〜Gからすべて選びなさい。 ( )

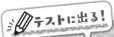 テストに出る！

予想問題

2 製作品の設計・製作⑵
3 エネルギー変換の技術のあり方

⏱ 30分

/100点

1 よく出る 次の図は，いろいろなリンク機構を示したものである。これについて，あとの問いに答えなさい。

5点×11〔55点〕

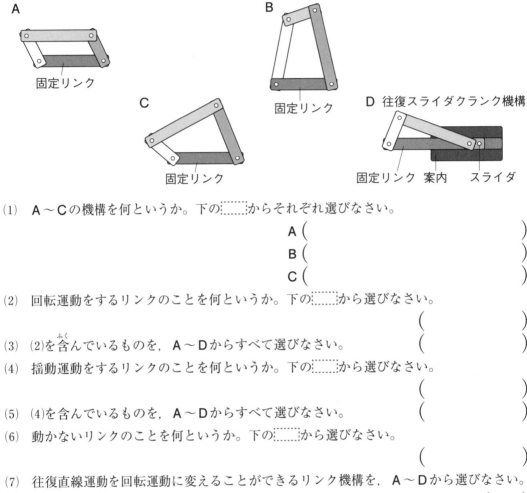

A

固定リンク

B

固定リンク

C

固定リンク

D 往復スライダクランク機構

固定リンク　案内　スライダ

(1) A〜Cの機構を何というか。下の┆┄┄┆からそれぞれ選びなさい。

A (　　　　　　　　　　)
B (　　　　　　　　　　)
C (　　　　　　　　　　)

(2) 回転運動をするリンクのことを何というか。下の┆┄┄┆から選びなさい。

(　　　　　　　　　　)

(3) (2)を含んでいるものを，A〜Dからすべて選びなさい。　(　　　　　　　　　　)

(4) 揺動運動をするリンクのことを何というか。下の┆┄┄┆から選びなさい。

(　　　　　　　　　　)

(5) (4)を含んでいるものを，A〜Dからすべて選びなさい。　(　　　　　　　　　　)

(6) 動かないリンクのことを何というか。下の┆┄┄┆から選びなさい。

(　　　　　　　　　　)

(7) 往復直線運動を回転運動に変えることができるリンク機構を，A〜Dから選びなさい。

(　　　　　　　　)

(8) 回転運動を揺動運動に変えることができるリンク機構を，A〜Dから選びなさい。

(　　　　　　　　)

(9) 右の図のような，原動節が回転することで，それに沿って動く従動節が，往復運動や揺動運動を行う機構を何というか。

(　　　　　　　　　　)

```
平行クランク機構　　てこクランク機構
両てこ機構　　固定リンク　　てこ
クランク　　連接棒
```

原動節

2 自転車の保守点検項目について，次の文の（　）にあてはまる語句を，右の▭から選んで答えなさい。

3点×5〔15点〕

① (　　　　　　　) ② (　　　　　　　) ③ (　　　　　　　)
④ (　　　　　　　) ⑤ (　　　　　　　)

- ●サドルの（ ① ）が適切か。
- ●（ ② ）が確実に働くか。
- ●チェーンの（ ③ ）がないか。
- ●（ ④ ）の照らせる距離が適切か。
- ●タイヤの（ ⑤ ）が適切か。

```
ブレーキ    高さ
たるみ     ライト
空気圧
```

3 製作で用いる工具や部品について，次の問いに答えなさい。

3点×10〔30点〕

(1) 次の工具を何というか。下の▭からそれぞれ選びなさい。

A (　　　　　　　) B (　　　　　　　) C (　　　　　　　)

A　　　　　　　　　B　　　　　　　　　C

```
穴あきニッパ    はんだごて    スパナ    めがねレンチ
```

(2) 次の作業を行うときに使用する工具を，(1)の A ～ C からそれぞれ選びなさい。

① はんだづけを行うとき。 (　　　)
② ボルトを締めたりゆるめたりするとき。 (　　　)
③ リード線の被覆（ひふく）を取るとき。 (　　　)

(3) 次の部品を何というか。下の▭からそれぞれ選びなさい。

D (　　　　　　　) E (　　　　　　　)
F (　　　　　　　) G (　　　　　　　)

D　　　　　　E　　　　　　F　　　　　　G

```
小ねじ    軸受（じくうけ）    ナット    ボルト
```

解答 p.7

1　情報の技術

❶ハードウェア
コンピュータ本体と接続された周辺機器。

❷中央処理装置
演算機能や制御機能をもつ装置。CPUともいう。

❸オペレーティングシステム
OSとも呼ばれる。基本的な土台として働くソフトウェア。

❹アプリケーションソフトウェア
文書作成，表計算などの目的に応じて機能するソフトウェア。

❺デジタル化
アナログ情報を0と1の2つの数字の組み合わせに変換すること。

❻LAN
建物の中などの限られた範囲にあるコンピュータを接続したネットワーク。

❼ファイアウォール
一定の条件で外部との通信を制限し，不正侵入を防ぐ技術。

❽知的財産権
創作活動でつくり出された知的財産を保護する権利。

テストに出る！ ココが要点

1　コンピュータのしくみ

(1) （**❶**　　　　　　）…コンピュータ本体や接続された機器。

● 入力機能…キーボード，マウスなど。

● 出力機能…ディスプレイ，プリンタなど。

● 演算機能，制御機能…（**❷**　　　　　　）装置（CPU）

● 記憶機能…メインメモリなど。

(2) ソフトウェア…基本的な土台として働く（**❸**　　　　　）システムと，目的に応じて機能する（**❹**　　　　　）ソフトウェアがある。

2　デジタル化

(1) （**❺**　　　　　　）化…アナログ情報をデジタル情報に変換すること。

(2) 画素の集まりの度合い（画像のきめ細かさ）を解像度という。同じ大きさの画像では，解像度が高いほどデータ量は増える。

3　情報通信ネットワークのしくみ

(1) （**❻**　　　　　　）…限られた範囲にあるコンピュータを，ハブやルータなどを使って接続したネットワーク。ネットワークを世界規模でつなげたものをインターネットという。

(2) サーバ…電子メールやWebページなど，情報通信のためのサービスを提供するコンピュータ。

(3) 通信プロトコル（通信規約）…ネットワーク上でデータをやりとりするときの約束事。

4　情報セキュリティと情報モラル

(1) 情報セキュリティ…コンピュータウイルスの感染を防ぐセキュリティ対策ソフトウェア，通信の制限によって不正侵入を防ぐ（**❼**　　　　　　）のほかに，フィルタリング，暗号化などの対策がある。

(2) 情報モラル…情報社会において，適正に活動するための基となる考え方や態度。

● （**❽**　　　　　）権…著作権（著作物を保護する権利）と産業財産権（発明などに関わる権利）。

● 情報を発信するときには，ルールやマナー，個人情報などを守っているか，十分に確認する。

解答 p.7

テストに出る！

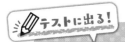

予想問題 1　情報の技術(1)

20分

/100点

1 よく出る　コンピュータのしくみについて，次の問いに答えなさい。　3点×10〔30点〕

(1)　次の装置や機器は，どのような機能をもつか。下の［　］からそれぞれ選びなさい。ただし，①は2つ選びなさい。

①　中央処理装置　(　　　　)(　　　　)

②　メインメモリやハードディスク　(　　　　)

③　キーボードやマウス　(　　　　)

④　ディスプレイやプリンタ　(　　　　)

入力機能　　出力機能　　演算機能　　制御機能　　記憶機能

(2)　中央処理装置のことを，アルファベット3文字で何というか。　(　　　　)

(3)　コンピュータのしくみについて，次の文の(　　)にあてはまる語句を書きなさい。

①(　　　　)　②(　　　　)

③(　　　　)　④(　　　　)

コンピュータは，(①)と(②)で構成されている。(①)はコンピュータ本体や接続された周辺機器のことで，(②)には，(③)と(④)がある。(③)はコンピュータの電源を入れると最初に動き，基本的な土台として働く。(④)は，文書作成や表計算など，目的に応じて機能するものである。

2 デジタル化について，次の問いに答えなさい。　10点×7〔70点〕

図1

図2

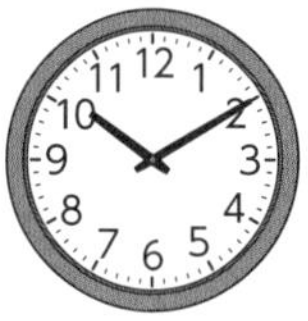

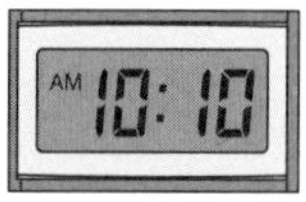

(1)　図1の時計のように，連続して変化する情報のことを何情報というか。

(　　　　)

(2)　図2の時計のように，切れ目のある段階的な値の情報のことを何情報というか。

(　　　　)

(3)　画像情報を表現する，ピクセルとも呼ばれる点(格子)の一つひとつを何というか。

(　　　　)

(4)　(3)の集まり度合い(画像のきめの細かさ)を何というか。　(　　　　)

(5)　(4)が高くなるほど，データの量はどのようになるか。次から選びなさい。　(　　)

ア　多くなる。　**イ**　少なくなる。　**ウ**　変化しない。

(6)　デジタル化されたデータ量が3 bitのとき，何通りの情報を区別できるか。

(　　　　)

(7)　1024KBのデータ量を1とするデータ量の単位は何か。　(　　　　)

@ポイント攻略！　データ量の単位や解像度とデータ量の関係を整理しておこう。➡ 2

テストに出る!

予想問題　1　情報の技術(2)

⏱30分

/100点

1 次の図は，情報通信ネットワークについて示したものである。あとの問いに下の□□□から選んで答えなさい。

3点×10〔30点〕

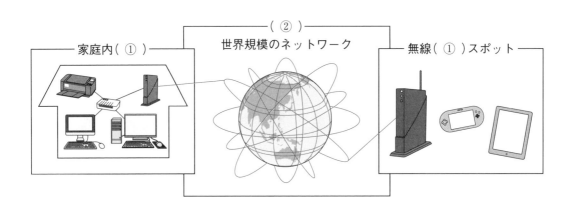

家庭内（ ① ）

世界規模のネットワーク

（ ② ）

無線（ ① ）スポット

(1) 図の①のネットワークは，何を表しているか。　　　　　（　　　　　　）

(2) 図の②のネットワークは，何を表しているか。　　　　　（　　　　　　）

(3) データ通信で，ネットワークどうしをつなげ，別のネットワークへと中継<ruby>中継<rt>ちゅうけい</rt></ruby>する機器を何というか。　　　　　　　　　　　　　　　　　（　　　　　　）

(4) 電子メールやWebページなど，情報通信のためのサービスをほかのコンピュータに提供するコンピュータを何というか。　　　　　　　（　　　　　　）

(5) インターネットへの接続サービスを提供する会社を何というか。
　　　　　　　　　　　　　　　　　　　　　　　　　　　（　　　　　　）

(6) Webページを閲覧<ruby>閲覧<rt>えつらん</rt></ruby>するとき，コンピュータでは何というプログラムが動いているか。
　　　　　　　　　　　　　　　　　　　　　　　　　　　（　　　　　　）

(7) Webページを上の住所にあたり，Webページを識別することなどに使われるものを何というか。　　　　　　　　　　　　　　　　　　　（　　　　　　）

(8) インターネット上でデータをやりとりするときの約束事を何というか。
　　　　　　　　　　　　　　　　　　　　　　　　　　　（　　　　　　）

(9) 情報通信ネットワークに接続されている情報機器に割りふられている識別番号を何というか。　　　　　　　　　　　　　　　　　　　　（　　　　　　）

(10) 効率よく通信回線を利用するために，データを小さなまとまりに分割したものを何というか。　　　　　　　　　　　　　　　　　　　　（　　　　　　）

> IPアドレス　　URL　　LAN　　インターネット　　通信プロトコル　　サーバ
> プロバイダ　　Webブラウザ　　パケット　　ルータ

2 情報セキュリティについて，次の問いに右の□□□から選んで答えなさい。

5点×7〔35点〕

(1) なりすましや不正なプログラムによりコンピュータに侵入することを何というか。　　　　　　　　（　　　　　　　　　）

(2) コンピュータを利用するときにユーザIDとパスワードを入力するなどの，(1)を防ぐ技術を何というか。
（　　　　　　　　　）

(3) 一定の条件で外部との通信を制限し，内部の安全を維持する機能を何というか。　　　　　（　　　　　　　　　）

(4) データを流出させたりプログラムを壊したりするなど，悪意をもったプログラムを何というか。
（　　　　　　　　　　　　）

(5) 問題のあるWebページなどの情報を制限し，有害な情報を遮断する技術を何というか。
（　　　　　　　　　　　　）

(6) ネットワークを利用して情報をやりとりするときに，データが流出したり，盗み見られたりする危険を回避するための技術を何というか。　　　（　　　　　　　　）

(7) 重要なデータがなくなったり，システムが壊れたりした場合に備え，データやシステムをコピーしておくことを何というか。　　　（　　　　　　　　）

暗号化
コンピュータウイルス
認証システム
バックアップ
ファイアウォール
フィルタリング
不正侵入

3 よく出る　次のうち，情報モラルを守った行動には○を，情報モラルに反する行動には×を書きなさい。

3点×5〔15点〕

① （　　　）　学校で配布された連絡網を，どこからでも見ることができると便利なので，個人のWebページに載せた。

② （　　　）　知人がかいたイラストを，本人に許可をとってからWebページに載せた。

③ （　　　）　自分の好きな歌手の曲を，動画サイトにアップした。

④ （　　　）　急ぎの用事があったので，携帯電話禁止の場所で携帯電話を使用した。

⑤ （　　　）　自分で購入してダウンロードした音楽であっても，コピーして友達にあげてはいけない。

4 情報モラルについて，次の問いに答えなさい。

4点×5〔20点〕

(1) 人の知的な創造活動によってできた，小説や写真，イラスト，音楽や発明などを何というか。
（　　　　　　　　　）

(2) (1)を保護するための権利を何というか。　　　　（　　　　　　　　　）

(3) (1)のうち，著作物を保護するための権利を何というか。　（　　　　　　　　　）

(4) 著作物を勝手に使用したり，つくりかえたり，まねをしたりすることを禁止した法律を何というか。　　　　　　　　　　　　（　　　　　　　　　）

(5) (1)のうち，産業の発展を目的とした発明や考案，商標などを保護するための権利を何というか。　　　　　　　　　（　　　　　　　　　）

2 コンピュータによる処理
3 プログラミングによる問題解決

満点◎ミッション

❶プログラム
処理の方法と手順を，命令の形で記述したもの。

❷プログラミング
プログラムをつくること。

❸プログラミング言語
プログラムを記述するための言葉。テキストで記述するものや，ブロックを組み合わせるものがある。

❹アクティビティ図
複数の情報処理の手順を統合して，全体の情報処理の手順などを確認できる図。

❺フローチャート
情報処理の手順（アルゴリズム）を表現した図。

❻順次処理
情報処理の手順で，一つひとつ順番に処理するもの。

❼反復処理
情報処理の手順で，条件を満たすまで処理を繰り返すもの。

❽分岐処理
情報処理の手順で，条件によって処理を選択するもの。

テストに出る！ ココが要点

1 プログラム

(1) 情報を処理するためには，その手順をコンピュータに命令し，記憶させる必要がある。処理の方法や手順を命令の形で記述したものを（**❶** 　　　　　）という。
- （**❷** 　　　　　）…プログラムをつくること。

(2) （**❸** 　　　　　）…コンピュータに命令するときに用いる，コンピュータが認識できる言語。

(3) アルゴリズム…プログラムを作成するための処理の手順や構造。正しく整理することが必要。

2 情報処理の手順

(1) （**❹** 　　　　　）…統一モデリング言語の1つで，情報処理の手順を一定のルールに従ってかく図。複数の情報処理の手順を統合して，全体の情報処理の手順などを確認できる。

(2) （**❺** 　　　　　）…1つの情報処理の流れを確認できる図。

(3) 情報処理の手順
- （**❻** 　　　　　）**処理**…情報を順番に処理していく。
- （**❼** 　　　　　）**処理**…条件を満たすまで，処理を繰り返す。
- （**❽** 　　　　　）**処理**…条件によって判断し，処理を選択。

▼アクティビティ図
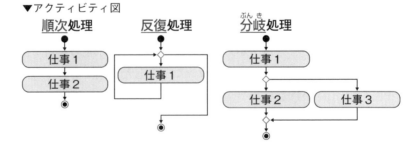

▼フローチャート
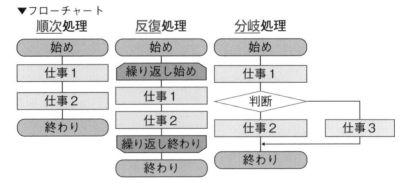

3 双方向性のあるコンテンツ ✦

(1) (⑨ 　　　　　　)…デジタル化されたメディアを使用し，意味のある情報として表現した内容。

(2) プログラムでは，数値などのデータを保存して，あとで利用するために，(⑩ 　　　　　) を使う。

● 名前をつけることで，データを保存したり取り出したりできる。

(3) **双方向性のあるコンテンツ**…使用者の働きかけ(入力)に応じて応答(出力)するコンテンツ。

● 学校内のコンピュータどうしでのやりとり。

● インターネットに接続し，情報を照会する。

● Webページ，コミュニケーションツール(SNS)など。

(4) プログラム制作の手順

問題の発見→課題の設定→コンテンツの構想→設計・制作→評価→改善

作成したプログラムは，意図したとおりに動作をするか，テストをする。

● *バグ*…プログラムの不具合。

● (⑪ 　　　　　　)…バグを発見して修正すること。

4 計測・制御システム ✦

(1) 計測…周囲の状況を測り，必要な情報を得ること。**センサ**で計測した情報は，コンピュータに伝えられる。

(2) 制御(せいぎょ)…目的に合うように機器を動作させること。コンピュータからの命令が(⑫ 　　　　　) などの仕事を行う部分に伝わり，動作する。

(3) 計測・制御システム

▼エアコンの計測・制御システムの模式図

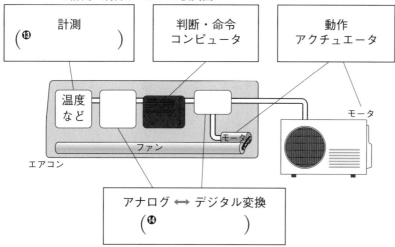

満点ミッション

⑨ **コンテンツ**
　文字，画像，動画などのデジタル化されたメディアを利用し，意味のある情報として表現した内容。

⑩ **変数**
　プログラムにおいて，データを保存したり取り出したりするために使うもの。

⑪ **デバッグ**
　プログラムの中にある誤りを発見し，修正すること。

⑫ **アクチュエータ**
　コンピュータからの命令が伝えられ，動作を行う部分。

⑬ **センサ**
　周囲の状況を計測し，電気信号に変換する装置。光や温度，赤外線などのセンサがある。

⑭ **インタフェース**
　センサからのアナログ信号をデジタル信号に，コンピュータからのデジタル信号をアナログ信号に変換する装置。

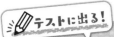

予想問題

2 コンピュータによる処理
3 プログラミングによる問題解決

⏱30分

/100点

1 次の問いに答えなさい。　　　　　　　　　　　　　　　　　　　　4点×4〔16点〕

(1) コンピュータが情報を処理する手順を，命令の形で記述したものを何というか。

（　　　　　　　　　　）

(2) (1)をつくることを何というか。　　　　　　（　　　　　　　　　　）

(3) (1)の記述に使用する言語を何というか。　　（　　　　　　　　　　）

(4) (3)について，正しいものを次から選びなさい。　　　　　（　　　）

　ア　テキストを入力するものとブロックを組み合わせるものがある。

　イ　テキストを入力するものはあるが，ブロックを組み合わせるものはない。

　ウ　ブロックを組み合わせるものはあるが，テキストを入力するものはない。

2 情報処理の手順について，次の問いに答えなさい。　　　　　　　　4点×7〔28点〕

(1) **よく出る** 次の図について，あとの問いに答えなさい。

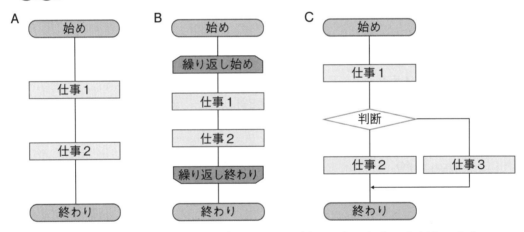

① 図のように，情報処理の手順を一定のルールに従って表したものを何というか。

（　　　　　　　　　　）

② 図のA～Cの処理の手順をそれぞれ何というか。

A（　　　　　）　B（　　　　　）　C（　　　　　）

(2) 右の図のような，全体の情報処理の手順を確認できる
図を何というか。　　　　（　　　　　　　　　　）

(3) 右の図は，どのような処理の手順を表しているか。

次の文の（　　）にあてはまる語句をそれぞれ書きなさい。

①（　　　　　）　②（　　　　　）

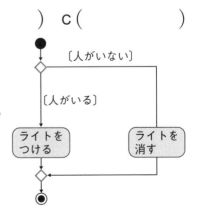

　人がいるときにはライトを（ ① ）。人がいないと
きにはライトを（ ② ）。

3 双方向性のあるコンテンツについて，次の問いに答えなさい。 4点×7〔28点〕

(1) 次の文の(　　)にあてはまる語句を下の□から選びなさい。

①(　　　　　　) ②(　　　　　　)
③(　　　　　　) ④(　　　　　　)

> コンテンツとは，デジタル化された文字や画像などの(①)を使用し，意味のある(②)として表現した内容のことをいう。双方向性のあるコンテンツとは，(③)に応じて(④)するコンテンツのことである。

働きかけ　　情報　　応答　　メディア

(2) プログラムやシステムの不具合を何というか。 (　　　　　　)

(3) (2)を発見し，修正する作業を何というか。 (　　　　　　)

記述 (4) 次の図は，ブロックを組み合わせて表現したプログラムである。どのようなプログラムを表しているか。簡単に答えなさい。

(　　　　　　　　　　　　　　　　　　　　　　　　　　)

<ネコ側のプログラム>

- クリックされたとき
- 「あなたの名前は何ですか？」と聞いて待つ
- 「メッセージ」を「答え」にする
- 「メッセージ」を送る

<人間側のプログラム>

- 「メッセージ」を受けとったとき
- 「メッセージ」を「答え」にする
- 「答え」と言う

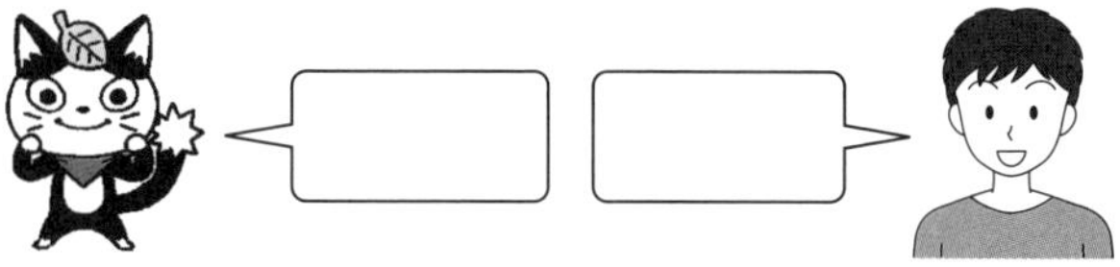

4 計測・制御プログラムについて，次の問いに答えなさい。 4点×7〔28点〕

(1) コンピュータを利用して自動的に反応して処理を行う機器には，何というシステムが組み込まれているか。 (　　　　　　)

(2) (1)のシステムで，周囲の状況を計測し，その情報を電気信号に変換する部分を何というか。 (　　　　　　)

(3) 身の回りにある(2)の例を３つあげなさい。

(　　　　　　)(　　　　　　)(　　　　　　)

(4) (2)で得られたアナログ信号をデジタル信号に，コンピュータから伝えられたデジタル信号をアナログ信号に変換する部分を何というか。 (　　　　　　)

(5) モータなど，(3)で変換された電気信号を受け，実際に目的の仕事を行う部分を何というか。

(　　　　　　)

@ポイント攻略！ ネコの吹き出しには「あなたの名前は何ですか？」が入る。➡ 3(4)

資料 コンピュータの使い方

満点ミッション

❶エスケープキー

Esc

❷スペースキー

❸デリートキー

Delete

❹バックスペースキー

Back space

❺エンターキー

Enter

❻ファンクションキー

F1 ～ F12

テストに出る！ ココが要点

1 文字入力

(1) キーボード操作の基本

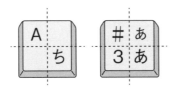

| 上段：シフトキーを押しながら入力。 |
| 下段：そのまま入力。 |

| 左側 ： 直接入力や「ローマ字入力」で入力。 |
| 右側 ： 「かな入力」で入力。 |

ローマ字入力で

⇧Shift と #3あ を同時に押すと，

#の文字を入力することができる。

(2) 主なキーの機能

- （❶　　　　　）キー…実行中の作業を取り消す。
- （❷　　　　　）キー…空白の入力や文字の変換を行う。
- （❸　　　　　）キー…カーソルの直後の文字を消す。
- （❹　　　　　）キー…カーソルの直前の文字を消す。
- （❺　　　　　）キー…操作の決定や文章の改行を行う。
- （❻　　　　　）キー…ソフトウェアに割り当てられた機能を操作する。

2 ソフトウェアの使い方

(1) **文書処理**ソフトウェア…写真や図を含めた文章の作成を行う。

(2) **表計算**ソフトウェア…データの集計，グラフの作成などを行う。

- 四則計算を表す記号…たし算は**＋**，ひき算は**－**，かけ算は**＊**，わり算は**／**で表す。

- **合計**の計算に用いる関数…**SUM**

- **平均**の計算に用いる関数…**AVERAGE**

▼セルB4からF4までの数値に対する関数
合計
　＝SUM（B4:F4）
平均
　＝AVERAGE（B4:F4）

(3) ほかにも，**プレゼンテーション用**ソフトウェア，**動画処理**ソフトウェア，**Webページ作成**ソフトウェア，**データベース作成**ソフトウェアなど，さまざまなソフトウェアがある。

予想問題 資料 コンピュータの使い方

⏱ 20分

/100点

1 次の図は，キーボードを示したものである。下の機能をもつキーを，図のア〜サからそれぞれ選びなさい。
8点×5〔40点〕

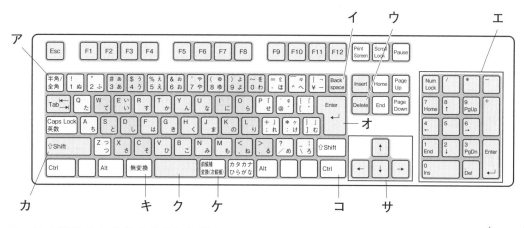

① 日本語入力と英数入力を切り替える。 （　　）
② 漢字を変換したり，空白を入力したりする。 （　　）
③ 操作の決定や文章の改行を行う。 （　　）
④ カーソルの直前にある文字を消す。 （　　）
⑤ カーソルの直後にある文字を消す。 （　　）

2 次の図は，ある表計算ソフトウェアの画面を示したものである。これについて，あとの問いに答えなさい。
10点×6〔60点〕

	A	B	C	D	E	F	G
1	国語	数学	理科	社会	英語	合計	平均
2	90	88	63	76	95		
3	━ ア		イ				
4							
5							

(1) 画面にあるマスの一つひとつを何というか。 （　　　　　　）
(2) 入力可能な状態の(1)のことを何というか。 （　　　　　　）
(3) アの番号のことを何というか。 （　　　　　　）
(4) イの番号のことを何というか。 （　　　　　　）
(5) F2のマスに5教科の合計点を表示するにはどのような計算式を入力すればよいか。関数を使って表しなさい。 （　　　　　　　　　　）
(6) G2のマスに5教科の平均点を表示するにはどのような計算式を入力すればよいか。関数を使って表しなさい。 （　　　　　　　　　　）

1 家族・家庭と地域

満点◎ミッション

❶自立
できる限り，他者の指示や世話を受けず，一人立ちする。

❷共生
家族・地域の一員として社会を支え，人びとと関わりながら生活する。

❸家庭
家族の生活と，生活を営む場。

❹男女共同参画社会
男女が互いの人権を尊重し，性別に関わらず個性や能力を発揮できる社会。

テストに出る！ **ココが要点**

⭐ **ガイダンス**

(1) 家庭分野の目標…（ **❶** ）を目指す。

● 生活的自立…衣食住，家庭に関する知識を身につけて生活。

● 精神的自立…自分の意見をもち，判断する。

● 経済的自立…生活にかかる費用を自分でまかなう。

(2) （ **❷** ）社会の実現…家庭・学校・地域の人と関わりをもつ。

1 家族・家庭の働き

(1) （ **❸** ）…家族が生活を営む場。

(2) 家族・家庭の機能…食事，休息，触れ合いなどの活動で支える。

● 休息・休養を通し，心の安らぎを得る→活力を蓄える。

● 子どもを育てる。　● 健康を守る。

● 生活の収入を得る。　● 看護，介護をする。

● 生活文化や価値観を伝える。　● 地域の生活を築く。

2 家庭の仕事

(1) 家庭には調理，洗濯，掃除，子育て，介護などの仕事がある。

● 家族による分担。

● 地域・自治体・企業のサービスを利用。

家庭生活の種類		生活を支える仕事の例
食生活		外食，調理済み食品の利用
衣生活		クリーニング店，衣装のレンタル
住生活		ハウスクリーニング，住まいの修理
家族	子育て	幼稚園，保育所，ベビーシッター
	介護	高齢者施設，在宅サービス

(2) （ **❹** ）社会…ワーク・ライフ・バランスが重要。

● 育児・介護休業法…育児・介護のため休業。性別に関わらず休業できる。

3 中学生とこれからの家族

(1) 中学生は，生活面・精神面で自立に向かう。

● 家族とぶつかる…相手の立場に立って考える。日頃から家族とよく話し合う。

● 家族や地域を支える一員として行動する。

予想問題 1 家族・家庭と地域

⏱ 20分

/100点

1 家庭分野の目標について，右の表の①～④にあてはまる語句を下からそれぞれ選びなさい。

6点×4〔24点〕

① (　　　) ② (　　　)
③ (　　　) ④ (　　　)

ア 経済　イ 生活
ウ 共生　エ 精神

自立			（ ④ ）
（ ① ）的自立	（ ② ）的自立	（ ③ ）的自立	
衣食住や家族の仕事をする	自分の意見をしっかりもつ	生活の費用を自分で稼ぐ	社会の一員として支え合う

2 **よく出る** 家族と家庭の働きについて，次の問いに答えなさい。

6点×12〔72点〕

(1) 家庭の機能について，次の図の□□にあてはまる語句を⋯⋯からそれぞれ選びなさい。

① (　　　　　) ② (　　　　　) ③ (　　　　　)
④ (　　　　　) ⑤ (　　　　　) ⑥ (　　　　　)

① を営む

心の ②

③ を伝える

④ を得る

⑤ を育てる

⑥ の人と交流

子ども
生活文化
安らぎ
衣食住
地域
収入

(2) 次の場面の仕事について，関わりが深い家庭外のサービスや施設をそれぞれ選びなさい。

① (　　) ② (　　) ③ (　　) ④ (　　)

① 食生活　② 衣生活　③ 住生活　④ 家族

ア クリーニング店　イ ハウスクリーニング　ウ 保育所　エ 総菜店

(3) よりよい家庭生活を目指すために大切な，仕事と生活の調和をカタカナで何というか。

(　　　　　　　　　　　　)

(4) 1歳未満の子どもを養育する労働者が，性別を問わず育児のために休業できることを定めた法律を何というか。　(　　　　　　　　　　)

3 中学生と家族について，次から正しいものを選びなさい。　〔4点〕

ア 中学生のうちは，家族と話し合う必要はない。　(　　　)

イ 家族の問題は，家庭外の人に相談しないほうがよい。

ウ 中学生も地域を支える一員として行動することが期待されている。

解答 p.9

2 幼児の生活と家族
3 これからの私たちと家族

満点◎ミッション

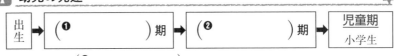

テストに出る！ **ココが要点**

❶乳児期
生まれてから1歳になるまでの期間。

❷幼児期
1歳から小学校入学までの期間。

❸発達
生まれてから死ぬまでの生涯にわたる心身の変化。

❹順序性
発達の順番が決まっていること。

❺情緒
人やものに対する心の動き。喜び・悲しみ・恐れ・怒り・嫉妬・恥ずかしさなど。

❻社会性
人に働きかけ，人との関係をもつこと。

❼自我
自分が自分である意識。自己を主張する力が身につく。

❽基本的生活習慣
生きていくために必要な毎日繰り返し行う習慣。

❾社会的生活習慣
社会の一員として，自覚をもって生きるために必要な習慣。

❿おやつ
一度に食べる量が少ない幼児にとっては食事の一部。

1 幼児の発達

出生 → （ ❶ ）期 → （ ❷ ）期 → 児童期 小学生

(1) 幼児の（ ❸ ）は個人差が大きい。

(2) 幼児の体の発達は著しい…1歳で身長は約1.5倍，体重は約3倍。
　●身長に対して頭部が大きい…転びやすい。

(3) 運動機能の発達…一定の方向性・（ ❹ ）がある。

発達の順序性▼

(4) 生理的機能…大人に比べて未熟。
　●呼吸数・脈拍数が多い。　●睡眠時間が長い。
　●体温が高く，汗をかきやすい。

(5) 幼児の心の発達…周囲の人びととの関わりの中で，情緒，言語，認知，社会性が発達していく。

（ ❺ ）	言葉（言語）	（ ❻ ）
・低年齢…体全体で激しく表現 ・3〜4歳…大人とほぼ同じに	・1歳ごろ…1語文 ・2歳ごろ…2語文，急速な発達 ・3〜4歳…会話	・2歳ごろ…気持ちの表現が困難 ・3〜4歳…複数人で遊べる

　●（ ❼ ）が芽生え，自立心・自律心が身につく。

2 生活習慣の習得

(1) （ ❽ ）生活習慣の習得
　●食事　●睡眠　●排せつ　●着脱衣　●清潔
　●健康的な発達と，自立した生活の基礎となる。

(2) （ ❾ ）生活習慣の習得
　●挨拶，安全の習慣，公共マナー・社会生活のきまりを守ること。

(3) 生活習慣は，周りの人が教えたり，人をまねたりして身につく。
　●心身の発達に配慮して，援助。　●幼児が楽しんで，自信をもつ。

3 幼児の生活

(1) 幼児の1日…よく遊び，よく食べ，よく寝る。
　●3回の食事のほかに（ ❿ ）を食べて，栄養補給する。

(2) 幼児の衣服…成長に合った衣服を着用。
　●体温調節がしやすい。　●動きやすい。　●着脱しやすい。

4 幼児の生活と遊び ⭐

(1) 幼児の（**⓫**　　　　　　　　）…自然に，身体，運動機能，言葉（言語），認知，情緒，社会性が発達→**生きていく力**の基礎。

(2) 遊び方は心身の発達に伴い，変化していく。

1歳	2歳	3歳	4歳	5歳
●大人と遊ぶ ●一人で遊ぶ	➡ ●友達のそばで遊ぶ	➡ ●友達と遊ぶ	➡ ●大勢の友達と協力して遊ぶ

●人との関わり方が身につく。

(3) （**⓬**　　　　　　　　）…遊びを豊かにする役割をもつ。

●安全で，幼児の遊びを広げるもの。石や木，空き箱もよい。

●幼児の発達・興味に配慮して選択・製作。　　　　▼STマーク

●STマークや障がいのある子どもも遊べるマーク（盲導犬マーク，うさぎマーク）を確認する。

(4) 幼児が安心して遊べる環境を整え，遊ぶ場所・時間を確保する。

●屋外で遊ぶ→心身の健康。

●同年齢・異年齢との交流。

●（**⓭**　　　　　　　　）…おにごっこ，おはじき，石蹴りなど。

5 幼児との触れ合い ⭐

(1) 幼児を学校に迎えたり，近隣の保育所・幼稚園などを訪問したりして触れ合う。

●課題を明確にする。幼児との接し方を工夫する。

(2) 元気に挨拶し，子どもと同じ目線になって話すようにする。

●安全・衛生面の注意…爪を切る，髪を整える，体調管理など。

6 子どもの成長を支える ⭐

(1) 成長を支える地域の施設…子育て支援や情報の提供などを行う。

●（**⓮**　　　　　　　　）…家庭で保育できない乳幼児の保育を担う。

●（**⓯**　　　　　　　　）…3歳～就学前の幼児を対象に教育・保育を担う。

●**認定こども園**…保育所と幼稚園の機能を併せもつ。

●**子育て支援センター**　　●児童館　　●児童相談所

(2) 子どもの成長やその権利を守る条約や法律もある。

●（**⓰**　　　　　　　　）**条約**…子どもの人権に関する世界初の条約。

●（**⓱**　　　　　　　　）…日本で最初の子どもの権利宣言。

●（**⓲**　　　　　　　　）**法**…児童福祉の基本理念を示す法律。

●児童の虐待の防止に関する法律。

満点 ⊕ ミッション

⓫ 遊び
幼児の生活の中心。発達を促す。

⓬ おもちゃ
遊びのきっかけとなり幼児のイメージを広げる道具。自由に遊べるものがよい。

⓭ 伝承遊び
古くから受け継がれてきた遊び。

⓮ 保育所
0歳～就学前の乳幼児を保育する。朝早くから夜遅くまで対応する施設が多い。

⓯ 幼稚園
おおむね9時から14時まで，幼児の就学前の教育を行う。

⓰ 子どもの権利条約
児童の権利に関する条約。国際連合で採択。生きる権利，育つ権利，守られる権利，参加する権利を守ることを述べる。

⓱ 児童憲章
1951年制定。子どもの権利について社会の果たす責任を示す。

⓲ 児童福祉法
1947年公布。児童に関わる総合的な法律。

2　幼児の生活と家族
3　これからの私たちと家族

⏱ 30分

/100点

1 幼児の心身の発達について，次の文を読んで，あとの問いに答えなさい。　3点×13〔39点〕

> 　子どもが生まれてから（　**A**　）歳になるまでを乳児期，その後就学前までを（　**B**　），小学校入学から卒業までを（　**C**　）という。乳幼児期の心身の発達は特に目覚ましいが，（　**D**　）が大きいため，発達の様子や個性を尊重して見守るようにする。

(1)　文中の（　）にあてはまる語句を下の 　　　 からそれぞれ選びなさい。

A（　　　）　B（　　　　　）　C（　　　　　　　）　D（　　　　　　　）

> 　1　　3　　5　　6　　児童期　　幼児期　　思春期　　男女差　　個人差

(2)　乳幼児期の体の発達の方向・順序について，次から正しいものをすべて選びなさい。

ア　末端から中心へと発達する。　イ　中心から末端へと発達する。（　　　　　　）
ウ　頭部から下部に向かって発達する。　エ　脚部から上部に向かって発達する。

(3)　乳幼児期の身体の発達と生理機能について，正しいものに○を書きなさい。

①（　　　）　生まれてから1年で，身長は約1.5倍，体重は約3倍になる。
②（　　　）　成人と比較すると，乳幼児の呼吸数・脈拍数は少ない。
③（　　　）　汗をかきにくいので，こまめに水分補給をする。
④（　　　）　活動のエネルギーを蓄えるために，長い睡眠が必要。

(4)　**よく出る**　右の表は幼児の発達をまとめている。（　）にあてはまる行動を次からそれぞれ選びなさい。

	腕・指先	足腰	情緒・言語・社会性
1歳	物をつかむ	（①）	（②）
2歳		走る	自我が芽生える
3歳	（③）	（④）	会話ができる
4歳	鉛筆でかく	（⑤）	（⑥）

①（　　　）　②（　　　）　③（　　　）
④（　　　）　⑤（　　　）　⑥（　　　）

ア　けんけん（片足立ち）　イ　はさみを使う　ウ　役割分担ができる
エ　スキップ　オ　1語文を話す　カ　歩く

(5)　2歳ごろの自己主張が強くなる時期を何というか。（　　　　　　　　）

2 **よく出る**　生活習慣の習得について，次の問いに答えなさい。　3点×7〔21点〕

(1)　生きていくうえで必要な，毎日繰り返される基本的生活習慣は5つの種類に分けられる。すべて書きなさい。　（　　　　　　　）（　　　　　　　）（　　　　　　　）
（　　　　　　　）（　　　　　　　）

(2)　次の習慣は①基本的生活習慣と，②社会的生活習慣のどちらにあてはまるか。それぞれ分類しなさい。　①（　　　　　　　）　②（　　　　　　　）
ア　自分から挨拶をする。　イ　1人で歯磨きをする。　ウ　箸を使う。
エ　ごみの分別をする。　オ　交通ルールを守る。　カ　1人で脱ぎ着をする。

3 幼児の遊びについて，次の図を見て，あとの問いに答えなさい。　　　3点×6〔18点〕

A

① と協力して遊ぶ

B

② と遊ぶ

C

ルールに従い ③ で遊ぶ

D

① のそばで遊ぶ

(1) 上の図は幼児の遊び方を示している。□ にあてはまる語句をそれぞれ書きなさい。

　　①（　　　　　　　）②（　　　　　　　）③（　　　　　　　）

(2) **よく出る** A〜Dの遊びが表れる順に並べなさい。　　（　　→　　→　　→　　）

(3) 遊びやおもちゃについて，次から正しいものを選びなさい。　　（　　　）

　　ア　幼児の集中のために，できるだけ使い方が限定されるおもちゃがよい。

　　イ　幼児はまねをして力を伸ばすので，できるだけ大人と遊ぶとよい。

　　ウ　幼児の心身の発達に合う，安全に遊べるおもちゃがよい。

(4) 安全基準に合格したおもちゃにつけられるマークを何というか。　（　　　　　　　）

4 幼児との触れ合いについて，次の問いに答えなさい。　　　3点×2〔6点〕

(1) 幼児との触れ合い方として正しいものを次から選びなさい。　（　　　）

　　ア　幼児が悪いことをしたら大きな声でしかる。

　　イ　対等な立場になるために，立ったまま話しかける。

　　ウ　言葉が伝わりやすいよう，ゆっくり無表情に話す。

　　エ　うまくできた幼児は，上手にほめて認める。

　　オ　けんかは幼児の発達を促すため放っておく。

記述 (2) 幼児と触れ合う際に安全・衛生面から注意したいことを1つ簡単に書きなさい。

　　　（　　　　　　　　　　　　　　　　　　　　　　　　　　　）

5 子どもの施設やきまりについて，次の資料を見て，あとの問いに答えなさい。　2点×8〔16点〕

① 乳幼児の保育を行う	② 3歳以降の幼児を対象に，就学前教育を行う
③ ①と②の機能を併せもつ	④ 保護者の集まる場所の提供，相談活動を行う

資料　児童憲章　前文　　（一部抜粋）
児童は，（ A ）として尊ばれる。
児童は，（ B ）の一員として重んぜられる。
児童は，よい（ C ）の中で育てられる。

(1) 表の活動を行う施設を，次からそれぞれ選びなさい。

　　　　①（　　）②（　　）③（　　）④（　　）

　　ア　子育て支援センター　イ　幼稚園　ウ　保育所　エ　認定こども園

(2) 右上の資料について，（　）にあてはまる語句を右の┊┊┊から選びなさい。

　　A（　　　　　　）B（　　　　　　）

　　C（　　　　　　）

┊　社会　環境　人　家族　┊

(3) 日本が1994年に批准した，子どもの権利を定めた国際条約を何というか。

　　　（　　　　　　　　　　　　　　　　　　　　　　　　　　　）

4　家族・家庭と地域の関わり

満点⊙ミッション

テストに出る！ ココが要点

❶**ロールプレイング**
立場の違う人の役割を演じること。相手の立場や気持ちを理解するために行う。

1　家族との関わり ★

(1)　家族には，それぞれの立場や役割がある。

● 意見が合わないこともあるが，**理解**と**協力**が必要。

(2)　家族関係を理解する。

● 日頃から話し合う機会をもつ。

● (❶　　　　　　　)で相手の立場を自分と置き換えて考える。

2　地域の高齢者との関わり ★

❷**少子高齢社会**
現在の日本のように，子どもが少なく，高齢者が多い社会。

(1)　地域に暮らす高齢者

● 日本は(❷　　　　　　　)**社会**…地域にはさまざまな高齢者がいる。

(2)　活動する高齢者…人間は生涯発達を続ける。

● 豊かな知識や経験，技術をもっていて，地域の仕事や行事などを支える。

❸**認知症**
脳の機能が低下し，記憶の低下や判断力の低下などの症状を伴う病気。

(3)　見守りが必要な高齢者…加齢による衰えが現れてくる。

(❸　　　　　　　)になって見守りが必要な高齢者もいる。

● 耳が聞こえにくい。　　● 視力が低下する。

● 足腰が弱くなる。　　● 骨折しやすい。

❹**おじぎ**
立ち上がりの介助で，お尻を浮かせてもらうときの動作。

(4)　高齢者との交流

● 経験を受け継ぐ…伝統文化の指導を受ける。

● 高齢者を支える…高齢者施設を訪問するときは，高齢者の体の特徴や触れ合う際のマナーを知る必要がある。

❺**わき**
歩行の介助で，介助者が支える部分。

(5)　高齢者の介助

● 立ち上がりの介助では，手を握り合い，(❹　　　　　　　)をするようにお尻を浮かせてもらう。

● 歩行の介助では，隣に立ち，(❺　　　　　　　)を下から支えて，相手のペースに合わせて歩く。

3　地域の人との協働 ★

(1)　家庭と地域のつながり

● **共生**…周囲のさまざまな人と生活をつくっていくこと。環境美化，防災，伝統的な行事や生活文化の継承などの活動がある。

❻**地域**
子ども・高齢者・障がいのある人，外国籍の人など，さまざまな世代・背景をもつ人が交流しながら生活。

(2)　中学生も，(❻　　　　　　　)の活動の担い手として期待されている。

● 挨拶，高齢者との交流，清掃などできることを探す。

予想問題 4 家族・家庭と地域の関わり

1 家族との関わりについて，次から正しいものを選びなさい。〔15点〕

ア 家族と意見が合わないことがあれば，協力する必要はない。（　　）

イ 家族関係を理解し，よりよくするためには，相手の立場や役割を，自分と置き換えてみるとよい。

ウ 中学生は自立しつつある段階なので，周囲の人のためではなく，自分のためだけに行動したほうがよい。

2 高齢者との関わりについて，次の問いに答えなさい。　10点×7〔70点〕

(1) 立ち上がりの介助と歩行の介助について，図の（　）にあてはまる語句を，右の⬚⬚⬚からそれぞれ選びなさい。　①（　　）　②（　　）
③（　　）　④（　　）

（ ① ）を握り，おじぎをするように（ ② ）を浮かせてもらう。

（ ③ ）を伸ばして上体を起こしてもらう。

（ ④ ）の下から支えて，相手のペースに合わせて歩く。

わき
手
ひざ
お尻

(2) 加齢による体の変化について，次から正しいものをすべて選びなさい。
（　　）

ア 耳が聞こえにくくなる。　　イ 指先の感覚が鋭くなる。

ウ 肺活量が増大する。　　エ トイレが近くなる。

オ 遠くがよく見えるようになる。　　カ 骨折しやすい。

キ 足腰が強くなる。　　ク 関節が動かしやすくなる。

(3) 脳の認知機能が低下し，記憶の低下や思考力の低下などの症状を伴う病気を何というか。
（　　）

記述 (4) 高齢者施設で高齢者に声をかけるとき注意したいことを，1つ簡単に書きなさい。
（　　　　　　　　　　　　　　　　　　　　　　　　　　　　）

3 地域の人との協働について，次から正しいものを選びなさい。〔15点〕

ア 地域の活動は，大人が支えるものなので中学生は参加しない。（　　）

イ 家族のつながりが大切なので，地域への関わりは最小限にする。

ウ 地域の人に進んで挨拶し，高齢者とも関わるようにする。

解答 p.10

① 食生活
1 食生活と栄養

満点◎ミッション

❶ エネルギー
活動や生命の維持に必要。

❷ 食文化
食品の生産・加工や調理の工夫を通して伝えられる。

❸ 食習慣
食品や料理の嗜好，食事の時間や回数，食べる量などの習慣。

❹ 生活習慣病
不適切な生活習慣が発症や進行に関わる病気。

❺ 食物繊維
消化はされないが，腸の働きを整える。

❻ たんぱく質
主に筋肉や臓器など体の組織をつくる。

❼ 食品成分表
可食部100gに含まれる栄養素やエネルギーを示す表。

❽ 無機質
体の組織をつくり，体の調子を整える。

❾ 脂質
ほぼ脂肪。主にエネルギーとなる。

❿ 献立
食事づくりの計画。食品群別摂取量の目安，食品の概量をもとに時間や予算も考える。

テストに出る！ ココが要点

1 食事の役割と食習慣 ★

(1) 食事の役割
●生命・健康の維持。　●活動の（❶　　　　　　）。
●成長（体をつくる）。　●生活のリズムをつくる。
●触れ合いの場となる。　●（❷　　　　　　　　）を伝える。

(2) 健康を支える3つの柱…**食事**，十分な**休養**，適度な**運動**。

(3) （❸　　　　　　　）…繰り返し行われる食事の習慣。
●過食，偏食，不規則な食事は（❹　　　　　　　）を招く。

2 中学生に必要な栄養と食品 ★

(1) **栄養**…体の調子を整える。主なものとして五大栄養素がある。
●（❺　　　　　　　）…腸の調子を整え，便通をよくする。
●**水**…栄養素の運搬，老廃物の排出，体温調節。

(2) **食事摂取基準**…身体活動レベルに応じて必要な栄養を示す。
●中学生…成長期で活動も活発。エネルギー，（❻　　　　　　），
カルシウム，ビタミンB$_1$・B$_2$などが多く必要。

(3) 食品に含まれる栄養素は（❼　　　　　　）**表**で調べる。
●**6つの基礎食品群**…主な栄養素によって食品を分類。
●**食品群別摂取量の目安**…食事摂取基準を満たす食品の量を示す。

▼五大栄養素と6つの基礎食品群　　　　※摂取量の目安は12～14歳，1日分

栄養素	たんぱく質	（❽　　　）	ビタミン	炭水化物	（❾　　　）
成分	アミノ酸になる	カルシウム，鉄など	ビタミンA，ビタミンCなど	糖質と食物繊維	脂肪
多く含む食品群	1群…魚，肉，卵，豆，豆製品	2群…牛乳，乳製品，小魚，海藻	3群…緑黄色野菜 4群…その他の野菜・果物	5群…米・パン・めん（穀類），いも，砂糖	6群…油脂
摂取量の目安	男：330g 女：300g	400g (牛乳に換算した分量)	3群：100g 4群：400g	男：500g 女：420g	男：25g 女：20g

体の組織をつくる　　体の調子を整える　　エネルギーになる

(4) 食事の計画…バランスがよい（❿　　　　　　）を立てる。
主食…5群，主菜…1群，副菜…2・3・4群，汁物。
●和食…主食と副菜を組み合わせた一汁三菜が基本である。

満点ミッション の❶，❷…は，ココが要点 の❶，❷…の答えになります。

予想問題 ① 食生活
1　食生活と栄養(1)

⏱ 20分

/100点

1 食事の役割について，次の図の□にあてはまる語句をそれぞれ下の ⋯⋯ から選びなさい。

5点×6〔30点〕

A (　　　　　　　)　B (　　　　　　　)　C (　　　　　　　)
D (　　　　　　　)　E (　　　　　　　)　F (　　　　　　　)

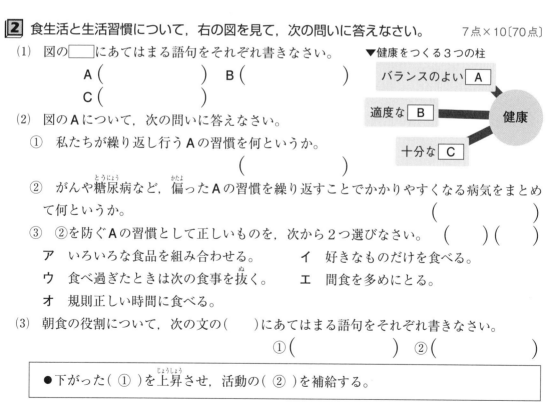

食事の役割

A	の維持
B	をつくる
C	のエネルギーとなる
D	・つながりの場
E	をつくる
F	を伝える

生活のリズム　　人と人の触れ合い　　体　　生命・健康　　食文化　　活動

2 食生活と生活習慣について，右の図を見て，次の問いに答えなさい。　7点×10〔70点〕

(1)　図の□にあてはまる語句をそれぞれ書きなさい。

A (　　　　　　　)　B (　　　　　　　)
C (　　　　　　　)

▼健康をつくる3つの柱

バランスのよい A
適度な B
十分な C
→ 健康

(2)　図のAについて，次の問いに答えなさい。

①　私たちが繰り返し行うAの習慣を何というか。
(　　　　　　　)

②　がんや糖尿病など，偏ったAの習慣を繰り返すことでかかりやすくなる病気をまとめて何というか。
(　　　　　　　)

③　②を防ぐAの習慣として正しいものを，次から2つ選びなさい。　(　　)(　　)

ア　いろいろな食品を組み合わせる。　　イ　好きなものだけを食べる。
ウ　食べ過ぎたときは次の食事を抜く。　エ　間食を多めにとる。
オ　規則正しい時間に食べる。

(3)　朝食の役割について，次の文の(　　)にあてはまる語句をそれぞれ書きなさい。

①(　　　　　　　)　②(　　　　　　　)

●下がった(①)を上昇させ，活動の(②)を補給する。

(4)　最近の食事のしかたで，1人だけで食事をとることを何というか。次から選びなさい。

ア　孤食　　イ　個食　　ウ　共食
(　　　　)

予想問題 ① 食生活
1 食生活と栄養(2)

⏱ 30分

/100点

1 栄養素について，右の資料を見て，次の問いに答えなさい。　(7)3点，ほか2点×20〔43点〕

(1) **よく出る** 表のA～Eは五大栄養素を示している。あてはまる栄養素名をそれぞれ書きなさい。

A （　　　　　　）
B （　　　　　　）
C （　　　　　　）
D （　　　　　　）
E （　　　　　　）

(2) A～Eのうち，体の組織をつくる働きをする栄養素を，補助的な働きのものも含めてすべて選びなさい。
（　　　　　　）

(3) 表中X～Zにあてはまる栄養素をそれぞれ書きなさい。

X （　　　　　　）
Y （　　　　　　）
Z （　　　　　　）

(4) 1gあたりのエネルギーが約9kcalになる栄養素は何か。名前を書きなさい。　（　　　　　　）

(5) Iについて，□□にあてはまる語句を書きなさい。
（　　　　　　）

(6) IIについて，（　　）にあてはまる語句を，表も参考にしてそれぞれ書きなさい。

A	・筋肉，血液，臓器などをつくるもとになる ・エネルギー源にもなる	
B	（ X ）・リン	・骨や歯のもとになる
	鉄	・血液のもとになる
C	ビタミンA	・目の働きを助ける ・動物性食品…レチノール 　植物性食品…（ Y ）
	ビタミンB₁ ビタミンB₂	・炭水化物や脂質がエネルギーに変わるときに必要
	ビタミンC	・傷の回復を早めて，病気への抵抗を高める
	ビタミンD	・骨や歯を丈夫にする
D	糖質	・ぶどう糖に分解され，エネルギー源となる
	（ Z ）	・消化・吸収されないが，腸の調子を整え，便通をよくする
E	・エネルギー源となる ・細胞膜などの成分にもなる	

I 私たちが生命の維持や活動のために，1日にとることが望ましいエネルギーや栄養素の量を示したものを□□という。

II 中学生は，活動のもとになる（ a ），筋肉などをつくる（ b ）や骨などのもとになる（ c ），血液のもとになる（ d ），ビタミン（ e ）・（ f ）などの摂取基準が高い。

a （　　　　　　） b （　　　　　　） c （　　　　　　）
d （　　　　　　） e （　　　　　　） f （　　　　　　）

記述 (7) なぜ中学生は一部の栄養素を多くとる必要があるのか。理由を簡単に書きなさい。
（　　　　　　　　　　　　　　　　　　　　　　　　　　　　）

(8) 水が体内で果たす働きについて，次の文の（　　）にあてはまる語句を□□から選びなさい。
①（　　　　　　） ②（　　　　　　） ③（　　　　　　）

●（ ① ）の運搬，（ ② ）の排出，（ ③ ）の調節

体温　　老廃物　　栄養素

2 6つの基礎食品群について，次の表を見て，あとの問いに答えなさい。　　3点×13〔39点〕

体の組織をつくる		体の調子を整える		エネルギーになる	
①　1群	②　2群	③　3群	④　4群	⑤　5群	⑥　6群

(1) 表の①～⑥は，どの栄養素を多く含むかによって食品を6つに分類したものである。それぞれが多く含む栄養素は何か。次の □ から選びなさい。

①（　　　　　　　　）　②（　　　　　　　　）　③（　　　　　　　　）
④（　　　　　　　　）　⑤（　　　　　　　　）　⑥（　　　　　　　　）

> カルシウム　　カロテン　　炭水化物　　たんぱく質　　脂質　　ビタミンC

(2) **よく出る** 次の食品は，どの食品群にあてはまるか。表の①～⑥に分類しなさい。

①（　　　　　　　　）　②（　　　　　　　　）　③（　　　　　　　　）
④（　　　　　　　　）　⑤（　　　　　　　　）　⑥（　　　　　　　　）

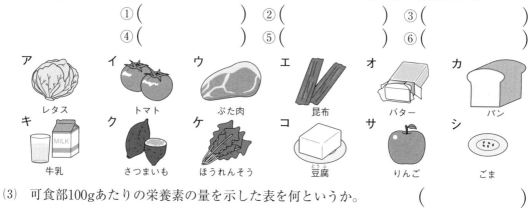

ア　レタス　　イ　トマト　　ウ　ぶた肉　　エ　昆布　　オ　バター　　カ　パン
キ　牛乳　　ク　さつまいも　　ケ　ほうれんそう　　コ　豆腐　　サ　りんご　　シ　ごま

(3) 可食部100gあたりの栄養素の量を示した表を何というか。　　（　　　　　　　　）

3 献立について，次の文を読んで，あとの問いに答えなさい。　　3点×6〔18点〕

> Aさんは，栄養や調理時間，予算や季節を踏まえて，（ ① ）の目安のおよそ3分の1の分量を1食分の食品の量として考えた。まず，1群を中心とした（ ② ）を決め，次に主食を決めた。その後（ ③ ）と汁物を決め，最後に栄養のバランスを確かめることにした。

(1) 文中の（　）にあてはまる語句をそれぞれ書きなさい。

①（　　　　　　　　）　②（　　　　　　　　）
③（　　　　　　　　）

朝	トースト，ハムエッグ，牛乳
昼	スパゲッティミートソース，ポテトサラダ，フルーツヨーグルト
夜	米飯，ぶた肉のしょうが焼き，大根としらすのサラダ，豆腐としめじのみそ汁

(2) **よく出る** 右の表はAさんがまとめた献立である。不足している食品群は何群か。　　（　　　　　　　　）

(3) 夕食に1品加えて(2)を補うとすると，どのようなものがよいか。次から選びなさい。　　（　　　　　　　　）

　ア　きんぴらごぼう　　　イ　きゅうりとわかめの酢のもの
　ウ　にんじんとほうれんそうのごまあえ　　エ　焼きなす

(4) 栄養バランスがよいとして見直されている，和食の基本的な献立の組み合わせを何というか。

（　　　　　　　　）

① 食生活
2 食品の選択と保存

満点◎ミッション

❶生鮮食品
野菜・魚・肉などの加工前の食品。

❷加工食品
生鮮食品にさまざまな加工をした食品。

❸食品添加物
加工食品の製造過程で加えられる物質。

❹消費期限
弁当など劣化が早いものに表示。おおむね5日以内。

❺賞味期限
比較的長い。期限を過ぎても食べられないいわけではない。

❻食物アレルギー
食品のアレルギー物質が原因。えび・かに・卵・乳・小麦・そば・らっかせいは表示の義務。

❼JASマーク
日本農林規格を満たす食品につけられる。

❽特定保健用食品マーク
おなかの調子を整えるなどの特定の保健効果が期待できる食品につけられる。

❾食中毒
食べたものが原因で、腹痛・下痢・おう吐・発熱などが起こる。

❿細菌
食中毒の原因となる。

テストに出る！ ココが要点

1 生鮮食品と加工食品 ★

(1) （**❶**　　　　　）…鮮度が低下しやすい，季節により味や栄養素の量が異なる。

● **旬・出盛り期**…生産量が多い，栄養素の量が多い，味がよい。

(2) （**❷**　　　　　）…保存性を高めたり，調理の手間を省いたりするために加工された食品。

● 乾燥させる　　● 塩漬け・砂糖漬け　　● くん製
● 瓶詰・缶詰　　● 微生物を利用（発酵）　　● 冷凍

● （**❸**　　　　　）…保存性の向上，調味などを目的に加える。

保存料	微生物の繁殖を防ぐ	発色剤	色を鮮やかにする
酸化防止剤	脂質の酸化を防ぐ	着色料	色をつける
増粘剤	粘りけを与える	甘味料	甘みをつける
調味料	味をつける	栄養強化剤	栄養素を強化する

2 食品の選択と購入 ★

(1) 生鮮食品の購入…色・艶・弾力・臭い，名称・原産地を確認。

(2) 加工食品の購入…表示や包装材・外観，破損の有無を確認。

(3) **食品表示**…販売されるすべての食品に表示の義務。

● 期限…衛生的で安全に食べられる（**❹**　　　　　），おいしさなどの品質が保持される（**❺**　　　　　）。

● 原材料名…重い順に表示。食品添加物，（**❻**　　　　　）の原因となる食品，**遺伝子組み換え**食品も表示。

(4) 食品のマーク

（**❼**　　　）マーク　　　有機JASマーク　　　（**❽**　　　）マーク

3 食品の保存 ★

(1) 食品の保存のしかたを誤る…（**❾**　　　　　）・腐敗の原因。

● （**❿**　　　　　）やウイルスなどが食中毒の原因。
「つけない・増やさない・やっつける」ことが大切。

● 細菌の増殖の3条件…**温度・水分・栄養分**。

(2) 冷蔵庫・冷凍庫でも品質は低下→食品に合う方法で保存する。

 テストに出る！

予想問題 ① 食生活
2 食品の選択と保存

⏱20分

/100点

1 生鮮食品と加工食品について，次の問いに答えなさい。　5点×8〔40点〕

(1) **よく出る** 生鮮食品の出回る量が多い時期を何というか。2つ書きなさい。

（　　　　　　　）（　　　　　　　）

(2) (1)の食品の特徴（とくちょう）を2つ書きなさい。　（　　　　　　　）（　　　　　　　）

(3) 加工食品について，次の加工にあてはまる食品を右の[   ]からすべて選びなさい。

① 加熱し，密封（みっぷう）する　（　　　　　　　）

② 塩漬け・砂糖漬け　（　　　　　　　）

③ 微生物の力を利用　（　　　　　　　）

④ 乾燥させる　（　　　　　　　）

| 冷凍食品　缶詰　乾（かん）めん |
| チーズ　ジャム　煮干し |
| レトルト食品　みそ　梅干し |

2 **よく出る** 食品の表示について，次の図を見て，あとの問いに答えなさい。　5点×8〔40点〕

A 　B　C

(1) A～Cは食品に表示されるマークである。それぞれの意味を次から選びなさい。

A（　　）　B（　　）　C（　　）

ア 認定基準を満たした工場で製造された冷凍食品。　イ 日本農林規格を満たす。

ウ 無農薬・化学肥料不使用で生産。　エ 特定の保健効果が期待できる。

(2) 食品に表示される食品添加物について，次の効果があるものを右の[   ]から選びなさい。

① ケーキなどをふっくらさせる（　　　　　　　）

② 色を鮮（あざ）やかにする　（　　　　　　　）

③ 微生物の繁殖（はんしょく）を防ぐ　（　　　　　　　）

④ うま味を与え，味を調える　（　　　　　　　）

| 着色料　甘味料　発色剤 |
| 栄養強化剤　香料　増粘剤 |
| 調味料　膨張（ぼうちょう）剤　保存料 |

(3) 食品の表示について，次から正しいものを選びなさい。　（　　　　）

ア 賞味期限は劣化（れっか）が早いものに，消費期限は比較（ひかく）的長く保存するものにつけられる。

イ 食物アレルギーの原因となる主な食品と遺伝子組み換え食品は表示の義務がある。

ウ 原材料は重量の軽い順に表示され，食品添加物も合わせて表示される。

エ 加工食品の表示は義務づけられているが，生鮮食品の表示はないこともある。

3 食品の保存について，正しいものに○，誤（あやま）っているものに×を書きなさい。　5点×4〔20点〕

①（　　　）　いもやかぼちゃは，必ず冷蔵庫で保存する。

②（　　　）　冷凍すると腐敗はしないが，品質の低下は起こる。

③（　　　）　熱帯の果物やなすなどの夏野菜は冷蔵に適さない。

④（　　　）　細菌を増やさないためには，低温で保存するとよい。

① 食生活
3 食品の調理　4 地域の食文化と環境

満点◎ミッション

❶肉
たんぱく質が多い。
種類や部位で栄養素
の量が異なる。

❷ドリップ
液汁（えきじゅう）。肉や魚などが
古くなると出る。

❸魚
たんぱく質が多い。
旬の時期は脂肪含有
量が多く，おいしい。

❹野菜
食べる部位で果菜類，
茎菜類（けいさい），根菜類，葉
菜類に分類。

❺褐変（かっぺん）
放置された野菜の切
り口が黒くなること。

❻地産地消
地域で生産した食材
をその地域で消費。

❼郷土料理
地域独自の食材・調
理法でつくる料理。

❽行事食
正月，節句（せっく），七五三（しちごさん）
などの節目の食事。

❾食品安全委員会
食品のリスク評価を
行う内閣府の組織。

❿食料自給率
国内の食料を国内生
産でどれだけまかな
えているかを示す。

⓫フード・マイレージ
食品の輸送が与える
環境負荷の大きさ。

テストに出る！ ココが要点

1 食品の調理をしよう ★

(1) 食事の計画…献立を決め，用具・材料を準備。
　●計量スプーン…大さじ→<u>15</u>mL，小さじ→<u>5</u>mL。

(2) （❶　　　　　　　）の調理…種類・部位を使い分ける。
　●加熱→肉汁が出て縮む。　●長く煮る→筋がやわらかくなる。
　●肉のうま味を汁に出す→水から長時間煮出す。

(3) 肉の選び方…弾力がある，（❷　　　　　　）（液汁）が出てい
ない，異臭（いしゅう）がしない，ぬるぬるしない。
　●牛肉…赤色　●ぶた肉…艶（つや）のある淡いピンク色（淡紅色（たんこう））
　●とり肉…ぶた肉よりも淡いピンク色

(4) （❸　　　　　　）の調理…脂質は心臓病・脳卒中などを予防。
　●<u>白身魚</u>…かれい・さけなど。生はかたく，加熱すると崩（くず）れやすい。
　●<u>赤身魚</u>…まぐろ・さばなど。生はやわらかく，加熱でかたくなる。

(5) 魚の選び方…弾力がある，腹部が裂（さ）けていない，目が澄（す）んでい
る。ドリップが出ていない。

(6) （❹　　　　　　）の調理…水分・無機質・ビタミンが多い。
　●加熱→かさが減り，やわらかくなる。塩をふる→しんなりする。
　●青菜は長時間ゆでると変色する…加熱時間に注意する。
　●（❺　　　　　　）を防ぐ…切ったらすぐに水につける。

(7) 野菜の選び方…色がよい，みずみずしい，しまっている。

2 地域の食文化 ★

(1) （❻　　　　　　）の取り組みが広まる。
　●生産過程がわかる　●食文化の継承（けいしょう）　●環境負荷（かんきょうふか）の低減

(2) （❼　　　　　　）…地域で受け継（つ）がれてきた料理。

(3) （❽　　　　　　）…生活や人生の節目に用意する食事。
　●正月→<u>お節（せち）料理</u>，雑煮（ぞうに）。　●端午（たんご）の節句→ちまき，かしわもち。

3 よりよい食生活を目指して ★

(1) <u>食品安全基本法</u>…（❾　　　　　　）を設置。
　●消費者も，食品の安全に関心をもち，行動する責任がある。

(2) 日本の（❿　　　　　　）…主要先進国の中で低い水準。

(3) （⓫　　　　　　）やバーチャル・ウォーターの指標の活用。
　●地産地消を意識し，なるべく近くで生産された食品を選ぶ。

(4) <u>食品ロス</u>…計画的に購入，<u>エコクッキング</u>などでむだを減らす。

予想問題 ① 食生活
3 食品の調理(1)

⏱20分

/100点

1 調理の基本について，右の図を見て，次の問いに答えなさい。　　　5点×11〔55点〕

(1) **よく出る** 図1の①～③1杯で
計れる量を，次から選びなさい。

①(　　　)　②(　　　)　③(　　　)

ア　5mL　イ　10mL　ウ　15mL

エ　100mL　オ　200mL

図1

大さじ
小さじ

(2) 図2について，A～Cの切り方の名前を，次の┈┈┈からそれ
ぞれ選びなさい。

A(　　　　　　　)

B(　　　　　　　)　C(　　　　　　　)

図2

A

B

C

┌─────────────────────────────┐
│　くし形切り　　みじん切り　　半月切り　　せん切り　　
│　乱切り　　いちょう切り　　ささがき　　輪切り　　小口切り
└─────────────────────────────┘

(3) 図3は和食の配膳のしかたを示す。a～eに置くものを，次
からそれぞれ選びなさい。同じものを選んでもよい。

a(　　　)　b(　　　)　c(　　　)

d(　　　)　e(　　　)

ア　主菜　　イ　主食　　ウ　副菜　　エ　汁物

図3

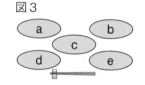

2 肉の調理について，次の文を読んで，あとの問いに答えなさい。　　5点×9〔45点〕

┌──────────────────────────────────┐
│　　肉は(A)や脂質，ビタミンを多く含んでいる。牛・ぶた・とりなどの肉の種類や，ロー
│　ス・ばらなどの(B)によって味や栄養素が異なるので，料理に応じて使い分ける。加熱
│　すると縮んでかたくなるが，(C)を切ると防げる。はじめに(D)火で加熱する
│　と，うま味を閉じ込めることができる。だし汁を利用する場合は(E)から煮込むとよい。
└──────────────────────────────────┘

(1) A～Eにあてはまる語句を書きなさい。A(　　　　　)　B(　　　　　)

C(　　　　　)　D(　　　　　)　E(　　　　　)

(2) 肉の調理のとき，次のような下ごしらえをすると，味や風味をつけるほかに，どのよう
な効果があるか。下からそれぞれ選びなさい。　　①(　　)　②(　　)　③(　　)

①　加熱する前にしょうが汁につける。　　②　ひき肉に塩を入れて混ぜる。

③　ハンバーグなどで真ん中をへこませておく。

ア　肉のつなぎ力を助ける。　　イ　肉に粘りけを出す。

ウ　肉をやわらかくする。　　エ　火を通りやすくし，できあがりをきれいにする。

(3) 肉の選び方について，次から正しいものを選びなさい。　　　　　(　　　　)

ア　ドリップが出ている。　　イ　組織がやわらかい。　　ウ　異臭がない。

1 魚の調理について，次の文を読んで，あとの問いに答えなさい。 4点×9〔36点〕

> 魚は，_a肉質により赤身魚と白身魚に分かれる。たんぱく質，（ **A** ），ビタミンを多く含み，（ **B** ）の時期は脂肪含有量が多い。魚の（ **A** ）には_b病気の予防効果があるとされる。

(1) A，Bにあてはまる語句を書きなさい。A （   ） B （   ）

(2) **よく出る** 下線部aについて，次の問いに答えなさい。

① 白身魚と赤身魚を正しく分類したものを，次から選びなさい。 （   ）

ア	赤身魚	白身魚
	まぐろ	さけ
	いわし	たら
	さば	ひらめ

イ	赤身魚	白身魚
	かつお	たい
	まぐろ	ひらめ
	かれい	あじ

ウ	赤身魚	白身魚
	かつお	たい
	さけ	ひらめ
	さば	かれい

② 白身魚と赤身魚の特徴について，次から正しいものを選びなさい。 （   ）

　ア 白身魚も赤身魚も，加熱するとやわらかくなる。

　イ 白身魚は生でかたく，赤身魚は生でやわらかい。

　ウ 白身魚は生でやわらかく，赤身魚は加熱するとやわらかくなる。

(3) 下線部bについて，予防できるとされる病気を1つ書きなさい。 （   ）

(4) 魚の選び方について，次の文の（   ）にあてはまる語句を書きなさい。

　①（   ） ②（   ） ③（   ） ④（   ）

> 切り身は身がしまって（ ① ）があり，トレイなどに（ ② ）が出ていない。一尾では，（ ① ）があり（ ③ ）が澄んでいて，腹部が裂けておらず，（ ④ ）がはがれていないもの。

2 野菜の調理について，次の文を読んで，あとの問いに答えなさい。 4点×6〔24点〕

> 野菜は，水分・ビタミン・無機質のほか，（ **A** ）を多く含む。生で食べられるものも多いが，加熱すると（ **B** ）が減るので食べやすい。また，（ **C** ）をふると水分が抜けてしんなりする。調理の際は，一部の野菜の_a褐変や，_b加熱による青菜の退色に気をつける。

(1) A～Cにあてはまる語句を書きなさい。

　　　　　　　A （   ） B （   ） C （   ）

記述 (2) 下線部aは，ごぼうやれんこんなどで起きる。どのような現象か簡単に書きなさい。

　　　（   ）

(3) **よく出る** 下線部a，bを防ぐ方法を次からそれぞれ選びなさい。 a （   ）

　ア 沸騰した湯で短時間加熱する。　　イ 水から長時間加熱する。　　b （   ）

　ウ すぐ湯につけておく。　　　　　　エ すぐ水につけておく。

3 食文化について，次の問いに答えなさい。　　　　　　　　　　2点×11〔22点〕

(1) 郷土料理について，地図の**A**～**E**の地域に伝わるものを，次
からそれぞれ選びなさい。　　　　　　**A**（　　）　**B**（　　）

　　ア　おっきりこみ　　イ　石狩鍋　　**C**（　　）　**D**（　　）
　　　　　　　　　　　　　　　(いしかり)
　　ウ　おやき　　エ　いかなごのくぎ煮　　　**E**（　　）

　　オ　しじみ汁　　カ　ゴーヤーチャンプルー

(2) **よく出る** 行事食について，次の節目に食べるものを，下か
らそれぞれ選びなさい。　　　①（　　）②（　　）③（　　）④（　　）

　　①　正月　　②　端午の節句　　③　秋の彼岸　　④　冬至
　　　　　　　　　　　　　　　　　　　　(ひがん)　　　 (とうじ)

　　ア　ちまき　　イ　ぼたもち　　ウ　おはぎ　　エ　かぼちゃ　　オ　お節料理

(3) 地域で生産された食材を地域で消費することを何というか。　　　（　　　　　　　　）

(4) (3)の利点として，誤っているものを次から選びなさい。　　　　（　　　　　　　　）

　　ア　生産過程を確かめられる。　　　イ　季節に関わらず食材が手に入る。

　　ウ　伝統的な食文化が伝わる。　　　エ　消費エネルギーを小さくできる。

4 よりよい食生活について，次の問いに答えなさい。　　　　　　2点×9〔18点〕

(1) 食品の安全について，次の問いに答えなさい。

　　①　近年起きた食品の安全を脅かす問題を受けて，2003年に施行された法律を何というか。
　　　　　　　　　　　　　(おびや)　　　　　　　　　　　　　　　　　(しこう)
　　　　　　　　　　　　　　　　　　　　　　　　　　（　　　　　　　　　　　　）

　　②　①によって設置された，食品のリスク評価を行う組織は何か。（　　　　　　　　）

(2) **よく出る** 右は，日本国内の食料消費がどのくらい国内
生産でまかなわれているかを示すグラフである。

　　①　この割合を何というか。　　　　（　　　　　　　　）

　　②　現在の日本の①は約何%か。　　（　　　　　　　　）

(3) エネルギー消費を抑えるなど，持続可能な食生活を送る
ためにさまざまな取り組みが行われている。次の取り組みや指標を下の┈┈┈からそれぞれ
選びなさい。　　　①（　　　　　　）②（　　　　　　）③（　　　　　　）

　　①　食料の輸送によって与えられる環境への負荷を示す指標。

　　②　その食料の生産に使われる水の総量を示す指標。

　　③　材料をむだなく使い，環境に配慮した調理。

┈┈┈┈┈┈┈┈┈┈┈┈┈┈┈┈┈┈┈┈┈┈┈┈┈┈┈┈┈┈┈┈┈┈┈┈
　　　　　エコクッキング　　　フード・マイレージ　　　バーチャル・ウォーター
┈┈┈┈┈┈┈┈┈┈┈┈┈┈┈┈┈┈┈┈┈┈┈┈┈┈┈┈┈┈┈┈┈┈┈┈

(4) 食べられるのに食料品が廃棄されてしまうことを何というか。　（　　　　　　　　）
　　　　　　　　　　　　(はいき)

(5) よりよい食生活を送るための行動として正しいものを次から選びなさい。（　　　　）

　　ア　国や自治体任せにせず，私たちも食品に関する情報を集める。

　　イ　食品の安全のために，たくさん包装されたものを選ぶ。

　　ウ　エネルギー消費を減らすために，一度にできるだけ多くの食品を購入する。

解答 p.12

② 衣生活
1 衣服の働きと活用　2 衣服の手入れ

満点⊕ミッション

❶保健衛生上の働き
寒暖の調整や，体の保護を行い，清潔を保つ働き。

❷生活活動上の働き
運動・作業をしやすくする働き。

❸社会生活上の働き
職業や所属を表す，個性を表現する，社会的な慣習に合わせるなどの働き。

❹T.P.O.
時間（Time），場所（Place），場合（Occasion）。

❺平面構成
体に合わせて衣服を着る和服の構成。

❻立体構成
体に合わせて衣服をつくる洋服の構成。

❼試着
購入の前に試して着心地などを確かめる。

❽サイズ表示
着る人の身体寸法。

❾組成表示
用いられた繊維の種類や混用率を表示。

❿取り扱い表示
手入れの方法の表示。

⓫採寸
身体各部の寸法を測る。薄着でほかの人に測ってもらうとよい。

✎テストに出る！ ココが要点

1 衣服の働きと構成 ★

(1) 衣服の働き
- （**❶**　　　）の働き…下着，エプロンなど。
- （**❷**　　　）の働き…運動着，消防士の防火服など。
- （**❸**　　　）の働き…制服，ユニフォーム，日常着など。

(2) <u>コーディネート</u>…（**❹**　　　　　）を踏まえて工夫。
- 色…同系色，反対色，モノトーン。
- 柄・形…しま・チェック，襟の有無など。錯視の効果もある。

(3) 衣服の構成…複雑な人体を覆うための工夫をしている。

種類	和服	洋服
構成	（**❺**　　　）構成…直線的に裁った布を縫い合わせて製作	（**❻**　　　）構成…体に合わせた曲線で裁った布を縫い合わせて製作

2 衣服の活用と洗濯 ★

(1) **衣服計画**…手持ちの衣服を点検し，計画的に入手する。

(2) 既製服の購入…目的，品質，価格（予算）を踏まえる。
- 着心地，着脱，デザインを（**❼**　　　）して確認。
- 特に通信販売では，返品条件も確認。

(3) 既製服の表示…すべての繊維製品に表示が義務づけられている。

▼既製服の表示

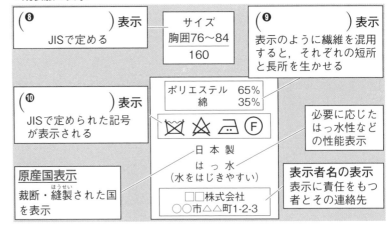

（**❽**　　　）表示 JISで定める	サイズ 胸囲76〜84 160	（**❾**　　　）表示 表示のように繊維を混用すると，それぞれの短所と長所を生かせる
（**❿**　　　）表示 JISで定められた記号が表示される	ポリエステル 65% 綿 35% ⊠ ⊠ ⊟ Ⓕ 日 本 製 はっ水（水をはじきやすい）	必要に応じたはっ水性などの性能表示
原産国表示 裁断・縫製された国を表示	□□株式会社 ○○市△△町1-2-3	表示者名の表示 表示に責任をもつ者とその連絡先

(4) （**⓫**　　　　　）…身体部位の寸法を測り，サイズを確かめる。
- 胸囲…<u>バスト</u>（女子），<u>チェスト</u>（男子）
- 胴囲…<u>ウエスト</u>　　● 腰囲…<u>ヒップ</u>

3 衣服の汚れ ☆

(1) 衣服の汚れ…ほこり，泥，食べこぼしや，体からつく皮脂・汗など。放置すると品質や性能が低下→適切に手入れする。

　●汚れを落とす…（⑫　　　　　　　），しみ抜き，クリーニング店。

4 衣服の素材と手入れ，収納・保管 ☆

(1) 繊維の特性に応じて手入れする。

種類	(⑬　　　　　　　）			(⑭　　　　　　　　）		
	植物繊維		動物繊維	合成繊維		
	綿	麻	毛	絹	ポリエステル	ナイロン	アクリル
洗剤	弱アルカリ性		中性		弱アルカリ性		
アイロン	200℃まで		150℃まで		150℃まで	110℃まで	

(2) 洗濯機を用いた洗濯…素材や汚れに応じて洗濯物を仕分ける。

　●ひどい汚れやしみは部分洗いや（⑮　　　　　　　）をしておく。

(3) 洗剤…使用量の目安を守って使用する。

　●（⑯　　　　　　　　）の働きで汚れが落ちる。

　●<u>石けん</u>…弱アルカリ性。汚れ落ちがよいが，冷水に溶けにくいものもある。すすぎ不足で黄ばむ。

　●<u>合成洗剤</u>…天然油脂や石油を原料とし，冷水によく溶ける。

　　・液性が弱アルカリ性…汚れ落ちがよい。

　　・中性…汚れ落ちはやや劣るが，洗い上がりの風合いがよい。

(4) （⑰　　　　　　　）かけ…衣服のしわ・型崩れを直す。

　●面積の狭い部分→広い部分の順にかける。

　●複数の繊維が混用される衣服→<u>低い</u>温度に合わせてかける。

(5) 頻繁に洗わない衣服は，（⑱　　　　　　　　）をかける。

(6) 収納・保管…取り出しやすく，見やすいようにたたんで収納。

5 衣服の補修 ☆

(1) ほころび直し…できるだけ早めに直す。

　●縫う前…<u>玉結び</u>　　●縫い終わり…（⑲　　　　　　　）

　●ボタンつけ…ボタンと布の間に2〜3mmのすき間。

(2) （⑳　　　　　　　）…ほつれやすそ上げで用いる縫い方。

　●布に合う色・太さの糸を<u>1本どり</u>で，目立たないように縫う。

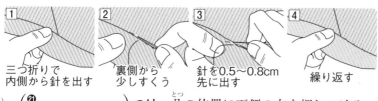

1	2	3	4
三つ折りで内側から針を出す	裏側から少しすくう	針を0.5〜0.8cm先に出す	繰り返す

(3) （㉑　　　　　　　）つけ…凸の位置に下側の布を押しつける。

　●上前が凸，下前が凹。　　●布とスナップに合う色の糸を使う。

満点ミッション

⑫ **洗濯**
組成表示・取り扱い表示に従って洗う。

⑬ **天然繊維**
植物の繊維や動物の毛などをそのまま使ったもの。

⑭ **化学繊維**
石油などを原料に人工的につくる繊維。

⑮ **しみ抜き**
しみの裏側からたたいて，汚れをほかの布に移す。もんだりこすったりしない。

⑯ **界面活性剤**
水と油をなじませ，汚れを落とす働きをする洗剤の成分。

⑰ **アイロンかけ**
しわをとる。繊維に適した温度にする。

⑱ **ブラシかけ**
ちりなどをとる。頻繁に洗わない衣服にはかけておく。

⑲ **玉どめ**
縫い終わりに針に糸を巻きつけてとめる。

⑳ **まつり縫い**
すそ上げなどで使う，縫い目が表から分かりにくい縫い方。

㉑ **スナップつけ**
凸と凹がずれないように縫いつける。

解答 p.12

予想問題 ② 衣生活
1 衣服の働きと活用

⏱ 30分

/100点

1 衣服の働きと着方について，図を見て，次の問いに答えなさい。　　　3点×14〔42点〕

(1) 図1は，衣服の働きを示している。社会生活上の働きについて，次の文の（　）にあてはまる語句を書きなさい。
①（　　　　　　　　）
②（　　　　　　　　）
③（　　　　　　　　）

図1

保健衛生上の働き

生活活動上の働き

社会生活上の働き

> 社会生活上の働きのうち，Cは職業や（ ① ）を表すこと，Dは（ ② ）を表現すること，Eは（ ③ ）慣習に合わせることを示す。

(2) A～Eにあてはまる衣服の例を，次からそれぞれ選びなさい。　A（　　）　B（　　）　C（　　）
D（　　）　E（　　）

ア　運動着　　イ　ユニフォーム
ウ　祭りのはっぴ　　エ　下着　　オ　日常着

(3) 図2は，衣服のコーディネートでの色の組み合わせ方を示している。a～cの色の組み合わせ方をそれぞれ何というか。　a（　　　　　　）　b（　　　　　　）　c（　　　　　　）

図2

a　　　　　b　　　　　c

赤色　　オレンジ色　　黒

(4) 衣服の組み合わせを考えるときはT.P.O.を踏まえる。T.P.O.の意味を漢字でそれぞれ書きなさい。　T（　　　　　　）　P（　　　　　　）　O（　　　　　　）

2 衣服の構成について，次の文を読んで，あとの問いに答えなさい。　　　2点×4〔8点〕

> 私たちが日常着る（ ① ）は，体に沿った曲線の布を縫い合わせた立体構成である。日本人が昔から着ていた服は（ ② ）という。直線に裁った布を縫い合わせてつくり，体に合わせて着る平面構成である。

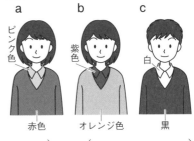

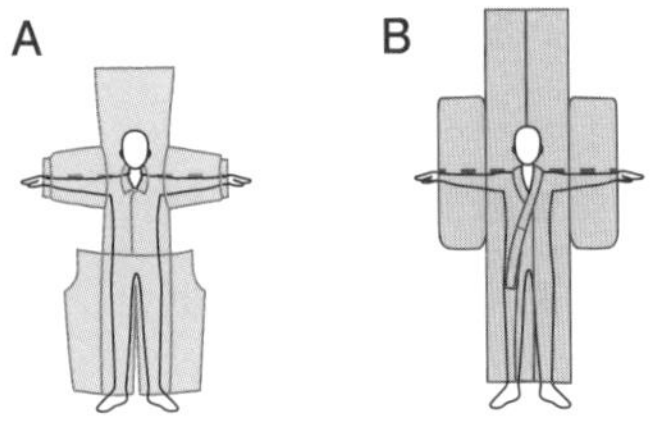

A　　　　　B

(1) （　）にあてはまる語句を書きなさい。①（　　　　　　）　②（　　　　　　）
(2) ①，②の衣服は，図のA，Bのどちらにあたるか。①（　　）　②（　　）

3 衣服計画について，正しいものに○を書きなさい。　　　〔2点〕

①（　　）　必要な既製服を選ぶときは，必ず最も安い価格のものを購入する。
②（　　）　店舗販売では試着し，通信販売でも返品条件を確認してから既製服を購入する。
③（　　）　足りない衣服を入手するには，購入以外に方法はない。

4 既製服の購入について，次の図や表を見て，あとの問いに答えなさい。

(2)2点×6，ほか3点×8〔36点〕

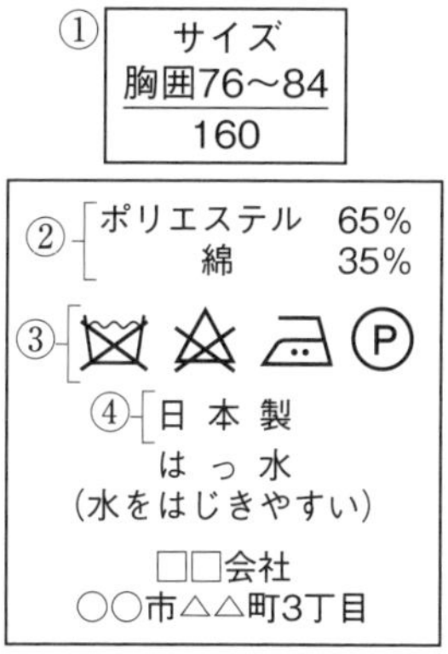

① サイズ
胸囲76〜84
160

② ┌ ポリエステル 65%
  └ 綿 35%

③ ⊠ ⊠ ⊿ Ⓟ

④ ┌ 日 本 製
  └ はっ水
（水をはじきやすい）

□□会社
○○市△△町3丁目

記号	意味	記号	意味
A	40℃を限度に洗濯機で洗濯可	D	石油系溶剤でドライクリーニング可
B	40℃を限度に洗濯機で弱い洗濯可	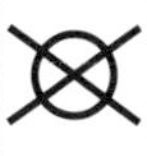 ⊠	（ c ）禁止
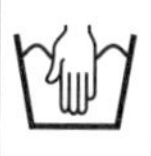 🖐	（ a ）できる	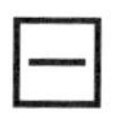 ⊟	（ d ）にする
C	家庭での洗濯禁止	E	日陰^{ひかげ}でつり干しにする
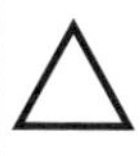 △	（ b ）できる	F	タンブル乾燥禁止

(1) 図は，既製服につけられる表示の例である。①〜④の表示をそれぞれ何というか。

① (　　　　　　　)
② (　　　　　　　)
③ (　　　　　　　)
④ (　　　　　　　)

(2) 図の③に表示される記号について，表のA〜Fにあてはまる記号を，次からそれぞれ選びなさい。

A (　　) B (　　) C (　　)
D (　　) E (　　) F (　　)

ア 〔40〕 イ 〔40〕 ウ Ⓕ エ Ⓟ オ ⊠ カ 〔I〕 キ ⊠ ク 〔/〕

(3) 表の記号の意味について，a〜dにあてはまる語句を，右の┈┈┈からそれぞれ選びなさい。

a (　　　　　　　)
b (　　　　　　　)
c (　　　　　　　)
d (　　　　　　　)

┌─────────────┐
│ ドライクリーニング
│ 手洗い　漂白^{ひょうはく}
│ 平干し　つり干し
└─────────────┘

5 採寸について，右の図の①〜④の寸法をそれぞれ何というか。カタカナもしくは漢字でそれぞれ答えなさい。

3点×4〔12点〕

① (　　　　　　　)
② (　　　　　　　)
③ (　　　　　　　)
④ (　　　　　　　)

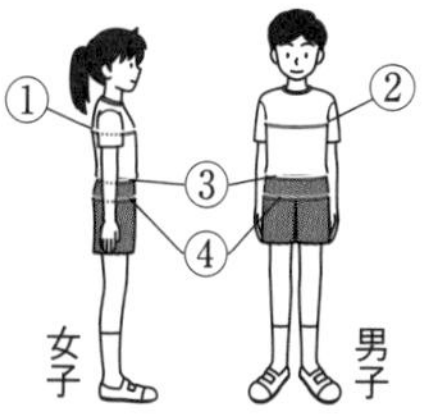

女子　男子

予想問題 ② 衣生活
2 衣服の手入れ

⏱30分

/100点

1 衣服の汚れと手入れについて，正しいものに○を書きなさい。 〔5点〕

① ( ) 汚れはひどくなければ，時間をおいて手入れをしてもよい。

② ( ) 衣服につく汚れは，目に見えるものだけである。

③ ( ) 頻繁に洗えない衣服も，ブラシかけなどの手入れを行う。

④ ( ) 汚れや傷みは，衣服の性能の低下につながる。

2 繊維の性質について，次の問いに答えなさい。 3点×9〔27点〕

(1) 右の表は繊維を分類したものである。A～Cの繊維をそれぞれ何というか。 A ( ) B ( ) C ( )

天然繊維	A	綿
		麻
	B	毛
		絹
化学繊維	C	ポリエステル
		ナイロン
		アクリル

(2) 次の特徴をもつ繊維を，右の表からそれぞれ選びなさい。

① 乾きが速く，ぬれても縮まないが，再汚染しやすい。アイロンは150℃までが適している。 ( )

② しなやかで光沢があり，アルカリに弱い。日光に当たると黄変する。 ( )

③ 丈夫で洗濯に強く，吸水性・吸湿性にすぐれるが，しわになりやすい。（2つ） ( ) ( )

(3) 複数の異なる繊維を組み合わせることを何というか。 ( )

記述 (4) (3)を行う目的は何か。「長所」と「短所」の語句を使って，簡単に書きなさい。

( )

3 洗濯と洗剤について，次の文を読んで，あとの問いに答えなさい。 4点×5〔20点〕

> 洗濯をする前に，衣服の種類や状態，（ ① ）表示を確認して衣服を仕分けておく。洗剤は主に天然油脂を原料とした石けんと，天然油脂や石油などを原料とする（ ② ）がある。多くの洗剤の液性は（ ③ ）性だが，（ ② ）には中性のものもある。

(1) 上の文の( )にあてはまる語句を書きなさい。

① ( ) ② ( ) ③ ( )

(2) **よく出る** 右の図は洗剤が汚れを落とす様子を示している。Aの成分を何というか。 ( )

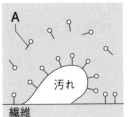

(3) 洗濯について，次から正しいものを選びなさい。 ( )

ア 弱アルカリ性の洗剤は汚れ落ちはよいが適さない繊維もある。

イ 洗剤は汚れをその程度に関わらずきれいに落とせる。

ウ 洗剤の量は，多ければ多いほど汚れ落ちが速く，よく落ちる。

4 右の図の衣服の手入れについて，次の問いに答えなさい。 4点×8〔32点〕

(1) この衣服の洗い方について，次から正しいも
のを選びなさい。　　　　　　　　（　　　）

　ア　ドライクリーニングはできない。

　イ　水洗いでは中性洗剤で洗う必要がある。

　ウ　平干しにする。

　エ　40℃を限度に手洗いしなければならない。

綿	85%
ポリエステル	15%

〔洗濯マーク：40・✕・─・P〕

(2) 衣服のしみ抜きについて，正しいものに○を書きなさい。

　① (　　　)　しょうゆなど水性のしみは，時間が経ってもすぐに落とせる。

　② (　　　)　油性のしみは，洗剤を使うが，色素の残るものは漂白剤を使う。

　③ (　　　)　しみに別の布を当てて，こすったりもんだりして汚れを移し取る。

(3) この衣服へのアイロンかけについて，次の文と表を見て，あとの問いに答えなさい。

> 　複数の繊維を使った衣服では，アイロンの温度を，A{高・低}いほうに合わせるため，この衣服では，温度目盛りをB{低・中・高}にした。襟・カフスなどの面積のC{広い・狭い}部分からかけるとよい。

	温度	目盛り	繊維
a	110℃以下	低	アクリル，ナイロン
b	150℃以下	中	毛，絹，ポリエステル
c	200℃以下	高	綿，麻

　① {　　}にあてはまる語句をそれぞれ選びなさい。

　　　　　　　　A (　　　　　　)　B (　　　　　　　)　C (　　　　　　　)

　② a〜cにあてはまる記号を，それぞれ次から選びなさい。

　　　　　　　　　　　　　　　　　　　a (　　)　b (　　)　c (　　)

（ア　　　　　イ　　　　　ウ　　　　　エ）

5 衣服の補修について，次の図を見て，あとの問いに答えなさい。 4点×4〔16点〕

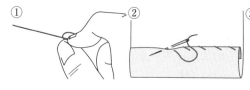 

なみ縫い　　半返し縫い
本返し縫い　　　玉結び
まつり縫い　　　玉どめ

(1) すそのほつれを①〜③の手順で直した。それぞれの技能の名前を右上の◻️から選びなさい。

　　　　　　　① (　　　　　　)　② (　　　　　　)　③ (　　　　　　)

(2) 補修の技能について，次から正しいものを選びなさい。　　　　（　　　）

　ア　すそのほつれは糸を2本どりにし，目立たない色で縫う。

　イ　ボタンつけは，布の厚さの分だけボタンを浮かせるようにする。

　ウ　衣服の場合，スナップは上前に凹，下前に凸をつける。

② 衣生活
3 衣生活を豊かに

満点ミッション

❶型紙
つくる物の形を大きさどおりにかいた紙。

❷バイアス
布地の斜め方向。

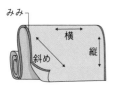

❸地直し
布のゆがみを直すこと。

❹まち針
布と布、または布と型紙を仮止めする。

❺しつけ
縫うときに布がずれないようしつけ糸で軽く縫うこと。

❻返し縫い
縫い終わり、縫い始め、丈夫にしたいところに用いる。

❼クールビズ
開口部をあけ、上着を着用しない涼しい着方。

❽リデュース
Reduce。資源の消費を減らすこと。

❾リユース
Reuse。資源を再使用すること。

❿リサイクル
Recycle。資源を再生利用すること。

✏テストに出る！ ココが要点

1 布製品の製作

(1) 豊かな衣生活のために、あると便利な布製品をつくる。

(2) 目的を考えて計画を立て、用具や材料を準備する。
- (❶   )…自分でつくるほか、市販のものもある。
- 布…平織り、あや織り、キルティングなど目的に合う布を選択。縦は伸びにくく、斜め((❷   ))は伸びやすい。
- 針・糸…布地の厚さ・材質に適したもの。

(3) 布の裁断…あらかじめ布の(❸   )をしておく。
- はさみの下側を机の面に当てたまま裁つ。
- はさみは、相手に刃先ではなく柄を向けて渡す。

(4) しるしつけ…布と異なる色で細くはっきり書く。
- チャコペンシルか、布用複写紙とルレットを使う。

(5) (❹   )の打ち方
- できあがり線に対して直角に打つ。
- 片側から打つとずれやすいので、右の図の順に打つようにする。

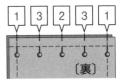

(6) ミシン縫い…布地に合う糸で下糸を巻き、上糸をかけて準備。
- 縫う前に(❺   )をしておく。
- 縫い始め・縫い終わり…(❻   )か糸を結んでおく。
- 糸調子は**上糸調節装置**で調節する。

▼糸調子

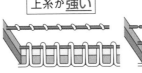

2 持続可能な衣生活を目指して

(1) 衣服の生産過程で多くのエネルギーを消費→計画的に活用。

(2) 環境に配慮した着方…夏は(❼   )で、冬は**ウォームビズ**で過ごす→冷暖房の環境への影響を軽減。

(3) 衣生活の**3R・4R・5R**
- (❽   )…長く着回しできるものを購入する。
- (❾   )…フリーマーケットなどに出す。 〕3R
- (❿   )…原料に戻して別の製品をつくる。
- **リペア**…補修して使う。 **リフォーム**…つくり変える。

予想問題 ② 衣生活
3 衣生活を豊かに

⏱ 20分

/100点

1 布製品の製作について，次の図を見て，あとの問いに答えなさい。(1)5点×5，(2)6点〔31点〕

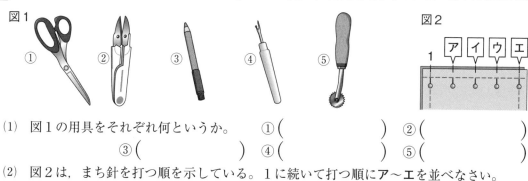

図1

① ② ③ ④ ⑤

図2

1　ア イ ウ エ

(1) 図1の用具をそれぞれ何というか。　①（　　　　　　　）②（　　　　　　　）
　　　　　　　　　　　　　　　　③（　　　　　　　）④（　　　　　　　）⑤（　　　　　　　）

(2) 図2は，まち針を打つ順を示している。1に続いて打つ順にア～エを並べなさい。
　　　　　　　　　　　　　　　　　　　　（ 1 → 　　 → 　　 → 　　 ）

2 ミシンについて，次の問いに答えなさい。

5点×9〔45点〕

(1) 右の図のA～Eの名前を次の　　　から選びなさい。

A（　　　　　　　）
B（　　　　　　　）
C（　　　　　　　）
D（　　　　　　　）
E（　　　　　　　）

上糸調節装置　天びん
はずみ車　糸立て
送り調節器　押さえ
釜（かま）　返し縫いレバー

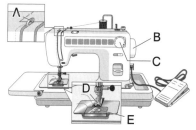

/記述 (2) **よく出る** 縫い始めと縫い終わりの始末はどのようにすればよいか。簡単に書きなさい。
　　　　　　　　（　　　　　　　　　　　　　　　　　　　　　　　　　　）

(3) 調子よく縫えないときについて，次の現象の原因にあてはまるものを，下からすべて選
びなさい。同じものを選んでもよい。　①（　　　　　　　）②（　　　　　　　）
　① 布が進まない。　② 上糸が切れる。　③ 針が折れる。③（　　　　　　　）
　ア 針のつけ方が正しくない。　イ 上糸の調子が強すぎる。
　ウ 送り調節器の数字が0になっている。　エ 針止めねじがゆるんでいる。

3 持続可能な衣生活について，次の問いに答えなさい。

6点×4〔24点〕

(1) 次の取り組みは，下の5Rの取り組みのうち，どれにあたるか。
　① 必要な衣服の枚数を考えて購入する。　　　　　　　　　　　（　　　）
　② すそのほつれを直して着る。　　　　　　　　　　　　　　　（　　　）
　③ 着られなくなった衣服を友達に譲る。　　　　　　　　　　　（　　　）
　ア リサイクル　イ リユース　ウ リデュース　エ リフォーム　オ リペア

(2) 暖房の負担（ふたん）を軽減するため，開口部を閉じ，重ね着をする着方を何というか。
　　　　　　　　　　　　　　　　　　　　　　　　　　　　（　　　　　　　）

③ 住生活
1 住まいの働き　2 住まいの安全と健康　3 住まいと地域

❶移動と収納の空間
出入り，通行，収納などを行う空間。

❷生理・衛生の空間
入浴，排せつ，洗面などを行う空間。

❸家事作業の空間
調理，洗濯，裁縫，アイロンかけなどを行う空間。

❹和式
畳をしき，取り外せる障子やふすまなどの引き違いの戸で仕切る住まい方。

❺洋式
ベッドやテーブルなどを置く住まい方。

❻和洋折衷
和式と洋式を組み合わせた住まい方。

❼家庭内事故
住まいの中で起こる事故。

❽バリアフリー
段差をなくし，手すりをつけるなどの工夫。

❾ユニバーサルデザイン
年齢・障がい・文化の差異に関わりなく使えるデザイン。

❿火災警報器
消防法で寝室などに設置が義務づけられている。

テストに出る！ ココが要点

1 住まいの働きと住まい方 ★

(1) 住まいの働き
- 自然環境から命と生活を守る。　●健康の維持。
- 家族が支え合う…介護，子どもが育つ場。

(2) 住まいの中ではさまざまな生活行為を行う。

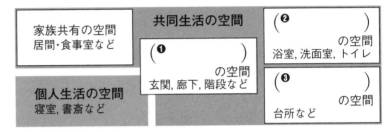

共同生活の空間	
家族共有の空間 居間・食事室など	（❷　　　）の空間 浴室，洗面室，トイレ
（❶　　　）の空間 玄関，廊下，階段など	（❸　　　）の空間 台所など
個人生活の空間 寝室，書斎など	

- 空間の使い方は，住まいの広さ，生活のしかたで異なる。

(3) 日本の住まい…高温多湿の夏に対応。地域によっても違いがある。
- （❹　　　）…畳の吸湿性・保温性は日本の気候に合う。
  ・部屋をさまざまな目的で使える。
  ・正座などで足腰に負担がかかる。
- （❺　　　）…椅子やベッドなど部屋に合う家具が必要。
  ・部屋の転用ができない。
  ・気密性が高く，立ち座りが楽。
- 近年は，（❻　　　）の住まい方も増えている。

(4) 日本各地の住まい…北海道の二重窓・二重玄関，岐阜県・富山県の合掌造りなど。都市部は高層住宅が増加。

2 住まいの安全 ★

(1) （❼　　　）…高齢者，障がいのある人，乳幼児で多い。
- それぞれの身体の特徴を踏まえ，住まい方を工夫する。

(2) 住まいの（❽　　　）…高齢者・障がいのある人が安心して暮らせる工夫→ほかの家族の安全や快適さにもつながる。
- （❾　　　）デザイン…誰もが安全に扱いやすくデザインされているもの。

(3) 火災対策…住宅用（❿　　　）の維持管理を行う。
- 調理中など火のそばから離れない。離れる場合は消火する。
- ストーブなど火のそばに燃えやすいものを置かない。

(4) 防犯対策…日常的に近所の人と関わり，協力体制をつくる。

3 災害と住まい

(1) 地震・津波・大雨など災害の特徴を知り，住まいの災害対策をする。

- (⑪　　　　　　　　) 場所と避難経路の確認。
- (⑫　　　　　　　　) の配置の見直しをする。
  - ・家具の転倒防止…L字型金具で固定する，耐震転倒防止板を挟む。
  - ・ものの落下防止…扉開き防止器具をつける，ガラスの飛散防止フィルムを貼る。
  - ・就寝時の安全確保。　　・避難経路の安全確保。
- ●防災用品，非常持ち出し袋の準備。

(2) 地域の防災訓練に参加→近隣の人と良好な関係をつくる。

4 健康と室内環境

(1) 快適な室内環境…温度・湿度・光・音などの要素が影響。

(2) 近年の住宅…**断熱性・気密性**が高く，冷暖房効率がよい→空気がこもりやすく，室内空気汚染が起きやすい。

(3) 主な室内空気の汚れ…呼吸などによる(⑬　　　　　　　)，**水蒸気**，ほこり，カビ，ダニ，日用品に含まれる化学物質など。

- (⑭　　　　　　　　)…住まいが原因で発症する体調不良。
- (⑮　　　　　　　)(**CO**)…石油ストーブなどの不完全燃焼によって発生。
- (⑯　　　　　　　)の発生…カビ・ダニが増殖する原因→アレルギーを引き起こす原因。

(4) 室内空気の汚染対策…適切な(⑰　　　　　　　　)が必要。

- ●**自然換気**…窓を開ける。入り口と出口を設け，家具などで空気の通り道を塞がない。
- ●**強制的な換気**…(⑱　　　　　　　)などを利用する。

(5) (⑲　　　　　　　)…同じ音でも騒音と感じるか心地よいと感じるかは個人差が大きい。

5 よりよい住生活を目指して

(1) 誰もが安全で快適に過ごせる住まいを目指す。

(2) 住まいと地域…住まいの周りの環境に目を向ける。

- ●防災・防犯活動に参加。　　●菜園作り・ガーデニング。

(3) 環境に配慮した住まい…限りあるエネルギーや資源の消費を減らし，(⑳　　　　　　　)エネルギーを利用。

- ●緑のカーテン…つる性の植物を栽培し，夏の日射を低減。
- ●環境共生住宅…周辺の環境と調和し，健康で快適に生活できるように工夫されている。

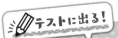

予想問題 ① 住生活
1 住まいの働き　2 住まいの安全と健康　3 住まいと地域

⏱ 30分

／100点

1 住まいについて，次の資料を見て，あとの問いに答えなさい。　　　　　3点×13〔39点〕

資料1　住まいの役割

- 風雨などの自然環境から生命・（ ① ）を守る。
- （ ② ）と安らぎをもたらし，健康を維持する。
- 互いに（ ③ ）を尊重しながら，子どもが育ち，介護など支え合い，（ ④ ）して暮らす。

┈┈┈┈┈┈┈┈┈┈┈┈┈┈┈┈┈┈┈┈┈┈
　プライバシー　　休養　　生活　　安心
┈┈┈┈┈┈┈┈┈┈┈┈┈┈┈┈┈┈┈┈┈┈

資料2

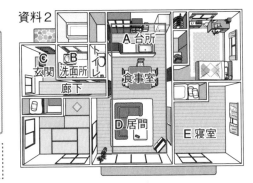

A 台所　食事室　C 玄関　B 洗面所　廊下　D 居間　E 寝室

(1) 住まいの役割について，資料1の（　　）にあてはまる語句を上の┈┈から選びなさい。

①（　　　　　　　） ②（　　　　　　　） ③（　　　　　　　） ④（　　　　　　　）

(2) **よく出る** 資料2はある家の間取りを示している。A〜Eの空間はどのような空間に分類されるか。次から選びなさい。　　A（　　） B（　　） C（　　）

ア　個人生活の空間　　イ　家事作業の空間　　　　　　　D（　　） E（　　）

ウ　家族共有の空間　　エ　生理・衛生の空間　　オ　移動と収納の空間

(3) 次の生活行為が行われる空間（部屋）の名前を，資料2から選んで書きなさい。

①　出入り　　②　団らん　　③　排せつ

①（　　　　　　　） ②（　　　　　　　） ③（　　　　　　　）

(4) 資料2の▭のような空間をまとめて何というか。アルファベットで書きなさい。

（　　　　　　　　　　）

2 日本の住まいについて，次の問いに答えなさい。　　(2)完答，2点×3〔6点〕

(1) 表のA，Bにあてはまる特徴を，次からすべて選びなさい。　A（　　　　　　　） B（　　　　　　　）

ア　立ったり座ったりが楽にできる。

イ　保温性・吸湿性に優れた床材で夏も冬も快適。

ウ　足腰に負担がかかることがある。

エ　目的に合わせた家具が必要で，部屋の転用ができない。

住まい方	部屋のつくり
A 和式	・床に畳 ・引き違いの障子やふすま
B 洋式	・ベッドや椅子を置く ・窓やドアは開き戸

(2) 地図のa〜cにあてはまる住まいの特徴を，次からそれぞれ選びなさい。　　　a（　　） b（　　） c（　　）

ア　冬の雪下ろしの作業を軽減する合掌造りの住まい。

イ　間口が狭く，中庭に抜ける通り庭がある町屋。

ウ　台風に備えて石垣や樹木で囲んだ平屋の住まい。

エ　雪や冷気が入らないよう，二重窓・二重玄関になっている。

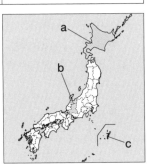

a　b　c

3 住まいの安全について，次の文を読んで，あとの問いに答えなさい。　2点×8〔16点〕

> 　住まいでは，筋力や視力が低下する（　A　）や活動が活発で好奇心が強い（　B　）の家庭内事故がしばしば発生する。そのため，段差をなくすなどの（　C　）や，誰もが取り扱いやすい（　D　）を取り入れる。また，地域で起こりやすい災害に対する対策も行う。

(1) 上の文の（　）にあてはまる語句をそれぞれ書きなさい。　A（　　　　　　　　）
　　B（　　　　　　　）　C（　　　　　　　　）　D（　　　　　　　）

(2) 次の危険を防ぐための対策を，下からそれぞれ選びなさい。

① 　② 　③ 　④

ア　家具を固定する。　　イ　避難経路にものを置かない。　　①（　　　）　②（　　　）
ウ　使用しないときは水を抜く。　　エ　手すりをつける。　　③（　　　）　④（　　　）

4 よく出る：室内環境について，次の表を見て，あとの問いに答えなさい。　3点×13〔39点〕

A	B	C	D	E
●湿度の高い浴室や押し入れで増殖 ●結露で発生	●ほこりなどを養分に増殖 ●結露で発生	●建材・家具の接着剤や塗料に含まれる	●呼吸や暖房器具などで発生	●暖房器具などの不完全燃焼で発生

(1) A〜Eにあてはまる室内空気汚染の原因物質を，右の[＿＿＿]からそれぞれ選びなさい。
　　A（　　　　　　　　）　B（　　　　　　　　）
　　C（　　　　　　　　）　D（　　　　　　　　）
　　E（　　　　　　　　）

> 一酸化炭素　　二酸化炭素
> ダニ　　　カビ　　　化学物質

(2) A〜Eは人体にどのような影響を及ぼすことがあるか。次からあてはまるものを選びなさい。ただし，同じものを選んでもよい。　A（　　　）B（　　　）C（　　　）
　　ア　シックハウス症候群　　イ　アレルギー　　D（　　　）E（　　　）
　　ウ　不快感・頭痛・めまい　　エ　命に関わる中毒の被害(ひがい)

(3) 室内空気の汚染対策について，次の文の（　）にあてはまる語句を書きなさい。
　　①（　　　　　　　　）　②（　　　　　　　）

> ●最近の住宅は（　①　）が高いので，窓を開けるなどこまめな（　②　）が大切である。

(4) よりよい住まい方について，次から誤っているものを選びなさい。　（　　　）
　　ア　カーテンやマットのほか，家具の配置や窓の開閉の工夫も騒音対策になる。
　　イ　日頃から地域の人と関わり合いをもっておくと，トラブルの防止になる。
　　ウ　自分が不快な音に対して騒音対策を行い，心地よい音はそのままにする。
　　エ　緑のカーテンなど，住まい方の工夫で環境に配慮した生活ができる。

家庭C 消費生活と環境

1 金銭の管理と購入　2 消費者の権利と責任
3 持続可能な社会

満点◉ミッション

❶無店舗販売
通信販売，訪問販売，移動販売など。自動販売機も含まれる。

❷プリペイド型電子マネー
繰り返し入金して支払いに利用する。

❸デビットカード
キャッシュカードを買い物で利用できるようにしたもの。

❹消費支出
物資やサービスを購入するための支出。

❺非消費支出
税金や社会保険料などへの支出。

❻契約
法律で保護される約束事。

❼三者間契約
消費者，販売者，クレジットカード会社の間の契約。

❽悪質商法
消費者をだましたり脅したりする。

❾製造物責任法
製造物の欠陥による被害の賠償責任を製造者に問える法律。

❿クーリング・オフ
訪問販売・キャッチセールス・マルチ商法などで一定期間は契約を解除できる。

テストに出る！ ココが要点

1 消費生活のしくみ ★

(1) 商品は形のある<u>物資</u>と，形のない<u>サービス</u>に分けられる。
- <u>消費者</u>が商品を購入し，利用している。

(2) 小売店で直接商品を販売する<u>店舗販売</u>と，店に出向かなくても購入できる（**❶**　　　　）がある。

(3) 支払いの方法は，タイミングによって3つある。
- <u>前払い</u>…（**❷**　　　　）マネー，商品券など。
- <u>即時払い</u>…現金，（**❸**　　　　）カードなど。
- <u>後払い</u>…クレジットカード，公共料金など。
- 現金を使わない，**キャッシュレス化**が進んでいる。

(4) 金銭管理…収入と支出のバランスがとれるように管理。
- （**❹**　　　　）…物資やサービスを購入するための支出。
- （**❺**　　　　）…税金や社会保険料などへの支出。

2 売買契約のしくみ ★

(1) 売買（**❻**　　　　）…消費者が購入の意思を示し，販売者が合意することで成立。
- 消費者と販売者が対等な立場で，契約するかどうかを判断できる必要がある。
- 成立した契約は，簡単に解約できない。

(2) クレジットカード…消費者，販売者，クレジットカード会社の（**❼**　　　　）契約である。
- 長所…手元にお金がなくても購入できる。
- 短所…使いすぎの恐れがある。紛失などにより，悪用されることがある。

3 消費者トラブル ★

(1) <u>消費者トラブル</u>…（**❽**　　　　）の被害など。
- 悪質な訪問販売　　●キャッチセールス　　●マルチ商法
- アポイントメントセールス　　●ネガティブオプション
- フィッシング詐欺　　●ワンクリック詐欺

(2) 立場の弱い消費者を守るための法律…消費者基本法，消費者契約法，（**❾**　　　　）法(PL法)，特定商取引に関する法律。
- （**❿**　　　　）制度…契約したあとでも，一定の条件で契約を解除できる。

(3) 消費者のための相談機関…消費者庁，(⑪ 　　　　　　)セン

ター，消費生活センターなど。

4 商品の選択と購入 ⭐

(1) 商品を購入するとき，必要なもの(ニーズ)と欲しいもの(ウォ

ンツ)を分けて考える。

(2) 本当に必要かどうか考え，情報を収集してから購入。

- ●品質　　●機能　　●価格　　●安全性
- ●保証や(⑫ 　　　　)サービス　　●環境への配慮

(3) 商品表示・マークを確認する…JASマーク，JISマークなど。

- ●売り手の情報に惑わされない情報リテラシーを身につける。

5 消費者の権利と責任 ⭐

(1) 消費者の<u>8つの権利</u>と<u>5つの責任</u>…責任ある消費者としての行

動が(⑬ 　　　　　　)社会をつくる。買い物＝投票行為。

8つの権利	・安全である権利 ・知らされる権利 ・選択する権利 ・意見が反映される権利 ・補償を受ける権利 ・消費者教育を受ける権利 ・生活の基本的ニーズが保障される権利 ・健全な環境を享受する権利
5つの責任	・批判的意識をもつ責任 ・主張し，行動する責任 ・連帯する責任 ・環境への配慮をする責任 ・社会的弱者に配慮する責任

(2) 消費行動と社会

- ●(⑭ 　　　　　　)<u>コンシューマー</u>…環境に配慮する消費者。
- ●フェアトレード…生産者から適正な価格で購入する貿易のしく
み→生活支援
- ●(⑮ 　　　　　　)消費…人や社会，環境に配慮した倫理的な
消費活動。

6 持続可能な社会 ⭐

(1) 資源が有限な<u>化石燃料</u>の消費を減らす→<u>地球温暖化</u>の原因とな

る二酸化炭素の削減。

(2) (⑯ 　　　　　　)社会…限りある資源を循環させながら利用。

- ●3R(<u>リデュース・リユース・リサイクル</u>)，5Rの取り組み。

満点ミッション

⑪国民生活センター
消費者庁管轄で消費者の相談に応じる。

⑫アフターサービス
店舗などが購入後に商品の修理や点検などを保証すること。

⑬消費者市民社会
社会や環境をよりよいものにするために，自立した消費者として自分たちにできることを積極的に行う社会。

⑭グリーンコンシューマー
特に自然環境保護に配慮した消費者。

⑮エシカル消費
人や社会，環境に配慮した倫理的な消費活動のこと。

⑯循環型社会
限りある資源を，できるだけ循環させながら利用し続ける社会。

予想問題　1　金銭の管理と購入(1)

1 **よく出る** 消費生活について，次の問いに答えなさい。　　　　　3点×3〔9点〕

(1)　商品は，右の表のように分けられる。A，Bをそれ
ぞれ何というか。　　　　　　　A（　　　　　　　　）
　　　　　　　　　　　　　　　B（　　　　　　　　）

A	B
・食料品	・クリーニング
・日用品	・学習塾

(2)　次の商品のうち，Aにあてはまるものをすべて選んで記号で答えなさい。
　　　　　　　　　　　　　　　　　　　　　　　　　　　（　　　　　　　　）

　　ア　電車・バス　　イ　医薬品　　ウ　書籍　　エ　映画　　オ　病院（医療）

2 商品の販売方法と支払い方法について，あとの問いに答えなさい。　3点×13〔39点〕

> 　商品の販売方法には，ₐ店舗販売とᵦ無店舗販売があり，私たち▢▢者は目的に応じ
> た方法で購入している。支払いの方法もさまざまで，商品券などを利用する（　A　），商
> 品と引き換えに支払う（　B　），商品を手に入れたあと，期日までに支払う（　C　）がある。

(1)　▢▢にあてはまる語句を書きなさい。　　　　　　　（　　　　　　　　）

(2)　下線部について，次の販売方法をa，bに分類しなさい。
　　　　　　　　　　　　　　a（　　　　　　　）　b（　　　　　　　）

　　ア　自動販売機　　イ　百貨店　　ウ　移動販売車
　　エ　コンビニエンスストア　　オ　訪問販売　　カ　ドラッグストア

(3)　次の文は下線部a，bどちらについて説明したものか。記号を書きなさい。
　　①　商品を直接手にとって，比較したり試したりできる。　　　　（　　　）
　　②　自宅や職場から，時間に関係なく購入できる。　　　　　　　（　　　）
　　③　時間や場所の制約があり，行かないと購入できない。　　　　（　　　）
　　④　ほかの商品と比較しにくかったり，実物が見られなかったりする。（　　　）

(4)　**よく出る**（　　）にあてはまる支払い方法をそれぞれ何というか。
　　　　　　　A（　　　　　　　）B（　　　　　　　）C（　　　　　　　）

(5)　Cの支払い方法で利用できるカードを次から選びなさい。　　（　　　　　　　）

> デビットカード　　　クレジットカード　　　プリペイドカード　　　キャッシュカード

(6)　近年，現金を使わずにクレジットカードやプリペイド型電子マネーなどで商品を購入す
　　る方法が急速に進んでいる。このことを何というか。　　（　　　　　　　）

(7)　消費生活について，正しいものに○を書きなさい。
　　①（　　　）　中学生は未成年なので，消費者にはならない。
　　②（　　　）　Bの支払い方法は，現金払いしかできない。
　　③（　　　）　Cの支払い方法は，支払い能力を考えて活用する。

3 契約について，次の問いに答えなさい。　　　　　　　　　　2点×8〔16点〕

(1) 契約はどのようなときに成立するか。次の文の（　　　）にあてはまる語句を書きなさい。

① (　　　　　　　　　)　② (　　　　　　　　　)

> 　消費者が（　①　）を示し，販売者が販売の意思を示して（　②　）したとき，売買契約が成立する。

(2) 契約が成立したときに発生する消費者の義務と権利を，次からそれぞれ選びなさい。

義務 (　　　)　権利 (　　　)

ア　商品を渡す。　　　　イ　商品を受け取る。
ウ　代金を支払う。　　　エ　代金を受け取る。

(3) 契約が成立したあと，一方的に解約することはできるか。　　　(　　　　　　　　　)

(4) 次のうち契約にあてはまるものを2つ選びなさい。　　　(　　　)(　　　)

ア　家族と電車で出かける約束。　　　イ　美容室で髪を切る。
ウ　きょうだいに勉強を教える。　　　エ　電話でピザを注文する。

(5) クレジットカードは，消費者，販売者，クレジットカード会社の間で契約が成立している。このような契約を何というか。　　　(　　　　　　　　　)

4 消費者トラブルについて，次の問いに答えなさい。　　　　　4点×9〔36点〕

(1) **よく出る** 次の悪質商法の名前を，下の□□□からそれぞれ選びなさい。

①　もうかるなどといって商品を購入させて会員にし，友人・知人を勧誘させる。	②　街頭で呼び止め，喫茶店・営業所などに連れ込み，商品を購入させる。	③　家庭や職場などを訪問して，強引に商品の購入や契約をさせる。	④　事前に約束を取りつけて喫茶店や営業所などに招き，高額商品を購入させる。

① (　　　　　　　　　)　② (　　　　　　　　　)
③ (　　　　　　　　　)　④ (　　　　　　　　　)

> マルチ商法　　アポイントメントセールス　　キャッチセールス　　悪質な訪問販売

(2) 次の文にあてはまる，消費者を守るための法律をそれぞれ何というか。

① トラブルが起こりやすい，訪問販売や通信販売を対象にして，不当行為の禁止などを定めた法律。　　　(　　　　　　　　　)

② 消費者と事業者が結ぶすべての契約に適用され，悪質な勧誘による契約や，不当な条項をもつ契約を取り消せることを定めた法律。　　　(　　　　　　　　　)

③ 2004年に制定され，消費者の権利の尊重と自主・自立の支援を基本理念とする法律。
(　　　　　　　　　)

(3) 次の消費者保護に関連する機関をそれぞれ何というか。

① 消費者関連の業務を専門的に行う省庁。　　　(　　　　　　　　　)

② 地方自治体が設置し，消費の相談活動や啓蒙活動を行う機関。　(　　　　　　　　　)

 テストに出る！

予想問題

1　金銭の管理と購入(2)
2　消費者の権利と責任
3　持続可能な社会

🕐30分

/100点

1 消費者トラブル対策について，次の文を読んで，あとの問いに答えなさい。4点×5〔20点〕

> 　特定の取引で一定の条件を満たせば契約を解除できる制度を□□□といい，書面で解約の意思を事業者に通知する。このとき，特定記録郵便やはがきの両面をコピーして配達証明郵便で送るなど，通知の証拠を残す。解約期間は販売方法により異なり，（　A　）日間もしくは20日間である。

(1)　**よく出る** 　□□□にあてはまる制度を何というか。　（　　　　　　　）

(2)　下線部について，(1)が利用できない取引を次からすべて選びなさい。（　　　　　　　）

　　ア　訪問販売　　イ　通信販売　　ウ　マルチ商法

　　エ　キャッチセールス　　オ　店に出向いて購入

(3)　Aにあてはまる数字を書きなさい。　（　　　　　　　）

(4)　消費者トラブル対策について，次から誤っているものを選びなさい。　（　　　　　　　）

　　ア　中学生は契約を解除しやすいので，消費者トラブルは起きにくい。

　　イ　(1)の制度は，現金取引で3000円未満の商品や使用した消耗品には適用できない。

　　ウ　通信販売では，ジャドママークなどを参考に事業者を選択する。

(5)　中学生の消費生活相談件数で最も多い内容を，次から選びなさい。　（　　　　　　　）

　　ア　健康食品について　　イ　デジタルコンテンツについて

　　ウ　学習塾について　　エ　化粧品について

2 商品の選択と購入について，次の図を見てあとの問いに答えなさい。　3点×11〔33点〕

A 　B 　C 　D 　E 　F

(1)　**よく出る** 　A〜Fのマークの名前を書きなさい。

　　A（　　　　　　　）　B（　　　　　　　）　C（　　　　　　　）
　　D（　　　　　　　）　E（　　　　　　　）　F（　　　　　　　）

(2)　次の意味をもつマークをA〜Fから選びなさい。

　　　　　　①（　　　）②（　　　）③（　　　）④（　　　）

　　①　日本産業規格の基準に適合した製品。

　　②　生産から廃棄までの過程を通して，環境に配慮されている製品。

　　③　製品安全協会が安全と認証した製品。製品の欠陥による事故での損害は賠償される。

　　④　原料に規定以上の割合の古紙を使用した製品。

(3)　商品を選ぶときのポイントとなる情報には，品質・安全性・機能のほかにどのようなものがあるか。1つ答えなさい。　（　　　　　　　　　　　　　　　）

3 消費者の権利と責任について，次の表を見て，あとの問いに答えなさい。 2点×13〔26点〕

消費者の8つの権利		消費者の5つの責任	
●（ ① ）である権利	●（ ② ）が反映される権利	A	批判的意識をもつ責任
●（ ③ ）権利	●（ ④ ）を受ける権利	B	主張し行動する責任
●（ ⑤ ）する権利	●消費者（ ⑥ ）を受ける権利	C	社会的弱者に配慮する責任
●生活の（ ⑦ ）が保障される権利	●健全な（ ⑧ ）を享受する権利	D	環境に配慮する責任
		E	連帯する責任

(1) ①～⑧にあてはまる語句を右の [____] から選びなさい。

　　①（ 　　　　 ）　②（ 　　　　 ）
　　③（ 　　　　 ）　④（ 　　　　 ）
　　⑤（ 　　　　 ）　⑥（ 　　　　 ）
　　⑦（ 　　　　 ）　⑧（ 　　　　 ）

> 環境　　補償（ほしょう）　　知らされる
>
> 教育　　基本的ニーズ
>
> 選択　　安全　　意見

(2) 次の取り組みにあてはまる消費者の責任をA～Eから選びなさい。

　　　　　　　　　　①（ 　 ）　②（ 　 ）　③（ 　 ）　④（ 　 ）

　　① フェアトレードの製品を購入する。
　　② 詰（つ）め替（か）えできる商品を購入する。
　　③ 広告をうのみにせず，情報を収集する。
　　④ 商品に問題があったときに，改善を求める。

(3) 消費者の8つの権利と5つの責任について提唱している国際的な組織を何というか。

　　　　　　　　　　　　　　　　　　　　　　　　（ 　　　　　　　　 ）

4 持続可能な社会と消費について，次の問いに答えなさい。 3点×7〔21点〕

(1) 人や社会，環境，地域などにも配慮した倫理的な消費活動のことを何というか。

　　　　　　　　　　　　　　　　　　　　　　　　（ 　　　　　　　　 ）

(2) グリーン購入など，特に自然環境の保護に配慮して行動する消費者を何というか。

　　　　　　　　　　　　　　　　　　　　　　　　（ 　　　　　　　　 ）

(3) 社会や環境をよりよいものにするために，自立した消費者として自分たちにできることを積極的に行う社会を何というか。　　　　　（ 　　　　　　　　 ）

(4) 2015年に国連で採択された，国際社会が持続可能な社会を実現するために設定した17の目標を何というか。　　　　　　　　　　（ 　　　　　　　　 ）

(5) 循環型社会を推進する3R・5Rについて，次にあてはまる取り組みを下からそれぞれ選びなさい。　　　　　　　　　①（ 　 ）　②（ 　 ）　③（ 　 ）

　　① 過剰な包装を断り，買い物袋を持参する。
　　② 必要のないものは，購入せず断る。
　　③ リサイクルショップを利用する。

　　　ア　リデュース　　イ　リユース　　　ウ　リサイクル
　　　エ　リペア　　　　オ　リフューズ

技術特集 製図の練習をしよう。

① 授業で扱った立体や好きな立体を□にかき，それを等角図で表そう。

② 授業で扱った立体や好きな立体を□にかき，それを第三角法による正投影図で表そう。

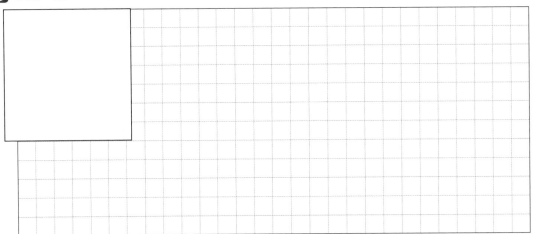

③ 授業で扱った立体や好きな立体を□にかき，それをキャビネット図で表そう。

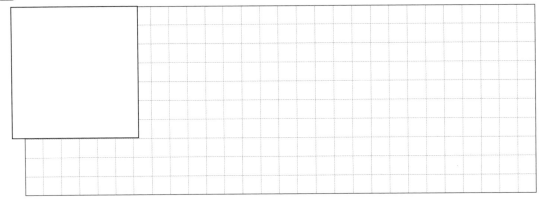

第1編　技術分野

技術A　材料と加工の技術

p.2〜p.3　ココが要点

❶辺材　　　　　❷心材

❸晩材〔夏材〕　❹早材〔春材〕

❺木表　　　　　❻繊維

❼塑性　　　　　❽合金

❾等角　　　　　❿正投影

⓫キャビネット

p.4〜p.5　予想問題

1 (1)A板目材〔板目板〕

　　B まさ目材〔まさ目板〕

(2)C早材　D晩材

(3)年輪

(4)a 木表　b 木裏

(5)c こぐち　d こば

(6)辺材

2 (1)A　(2)管状

(3)板目材　　(4)b

3 (1)広葉樹材　　(2)スギ，ヒノキ

(3)①合板　②集成材

　　③パーティクルボード

　　④ファイバーボード

4 (1)①弾性　②塑性　③展性　④延性

(2)加工硬化　(3)合金　(4)炭素含有量

(5)鋳造

5 (1)熱可塑性プラスチック

(2)熱硬化性プラスチック

解説

1 (1) **ミス注意** 木目が山形の模様になっている
　　Aが板目材，木目がまっすぐになっているBが

まさ目材である。

(2)根元に近いほうをもと，こずえに近いほうを
すえということも確認しよう。

(4)板目材の樹皮側の面aが木表，中心側の面b
が木裏である。

(5)繊維方向に直角に切断した面cをこぐち，繊
維方向に平行に切断した面dをこばという。

(6)幹の中心部の色の濃い部分が心材，周辺部の
色のうすい部分が辺材である。

2 (1)Aの強さは，Bの強さの約10倍である。

(4)cの方向の収縮率を1とすると，aの方向の
収縮率は5，bの方向の収縮率は10程度といわ
れている。

3 (1) **ミス注意** 針葉樹材は主に建築材として，
広葉樹材は主に家具材として用いられる。

(2)スギ，ヒノキなどは針葉樹，ケヤキ，キリ，
コクタンなどは広葉樹である。

4 (4)炭素含有量が約2％以下のものを鋼，約2
％以上のものを鋳鉄という。

5 熱可塑性プラスチックにはPET樹脂やアク
リル樹脂などがあり，熱硬化性プラスチックに
はエポキシ樹脂やメラミン樹脂などがある。

もひとつ＋プラス　材料の特徴

木材	木目がある。冷たく感じない。水分によって変形する。熱や電気を伝えにくい。
金属	光沢がある。冷たく感じる。さびることがある。熱や電気を伝えやすい。
プラスチック	種類が多い。冷たく感じない。腐ったりさびたりしにくい。熱や電気を伝えにくい。

1 (1)三角形の構造　(2)C

2 (1)A折り返し　Bふち巻き
　　C波形　D折り曲げ
　(2)E山形　FH形　GI形
　(3)1：2：4

3 (1)ア　(2)ウ
　(3)① φ10　② □20　③ C3
　　④ t10　⑤ R5

4 図1

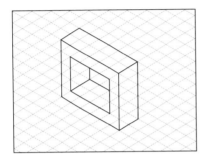

図2

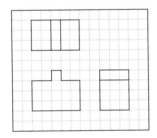

図3

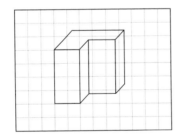

解説

1 (1)四角形の構造は横からの力に弱く，変形しやすい。斜め材を入れて三角形の構造にすると，丈夫になる。
　(2)四角形の構造でも，Bのように幅のある板で固定することで丈夫になる。Cのように全面を固定すると，さらに丈夫になる。

2 (1)金属板やプラスチック板は，端を折り曲げるなどの工夫をすることで曲げの作用に対して

強くなる。
　(2)棒材は，断面の形状を工夫することで曲げの作用に対して強くなる。
　(3)同じ材料を使っても，断面の幅や高さによって強さは異なる。aを基準とすると，幅が2倍になったbはaの2倍，高さが2倍になったcはaの4倍の強さがある。

3 (2)線の用途と種類を確認しておこう。

線の用途	線の種類	線の形
外形線	太線・実線	————
寸法線	細線・実線	————
寸法補助線	細線・実線	————
隠れ線	細線(太線)・破線	--------
中心線	細線・一点鎖線	—・—・—
想像線	細線・二点鎖線	—・・—・・—

(3) **ミス注意** 寸法はミリメートル単位で記入し，単位は記入しない。

4 図1…立体の底面の直交する2辺を，水平線に対して左右に30°ずつ傾けてかく。このとき，幅，奥行き，高さの線の長さは，すべて実物と同じ割合でかく。
　図2…第三角法による正投影図は，正面図，右側面図，平面図の3つの図で表される。まず，正面から見た形(正面図)をかき，正面図の右側に立体を右側から見た形(右側面図)を，正面図の上側に立体を上から見た形(平面図)をそれぞれかく。
　図3…まず，立体の形がわかりやすい面を正面と決め，正面の形をかく。次に，奥行きを示す線を，水平線に対して45°傾けて，実際の長さの2分の1の割合でかく。

❶けがき　　　　❷さしがね
❸仕上がり寸法　❹縦びき
❺横びき　　　　❻あさり
❼おねじ　　　　❽げんのう

1 (1)Aさしがね　B鋼尺　Cセンタポンチ
　　Dけがき針

(2)a 長手　b 妻手　(3)けがき
(4)E仕上がり寸法線　F切断線
(5)基準面
2 (1)B　(2)C B　D B　E A
(3)①小さく　②出し

解説

1 (1)金属は，Bの鋼尺を使用してDのけがき針でけがく。また，円や穴の中心をけがくときは，Cのセンタポンチの先を円の中心に合わせ，ハンマで軽くたたくようにする。
(2)木材のけがきでは，Aのさしがねの長手(a)を基準面に密着させ，基準面と直角な線を妻手(b)を使って引く。
(4)2本の仕上がり寸法線の間は，切り代(のこぎりびきなどによる)と削り代(かんながけなどによる)として3～5mmとっておく必要がある。
(5)基準面は平らになっているので，削らないようにする。
2 (1)Aはのみのような刃をしていることから，縦びき用の刃であることがわかる。Bは小刀のような刃をしていることから，横びき用の刃であることがわかる。
(2) **ミス注意** CやDのように，繊維方向に対して直角に切断するとき(横びき)や，斜めに切断するとき(斜めびき)には，横びき用の刃を用いる。Eのように，繊維方向に切断するとき(縦びき)には，縦びき用の刃を用いる。
(3)あさりとは，のこ刃が左右にふり分けられている構造のことである。

p.10～11 予想問題

1 (1)Aかんな身　Bうわば　Cくず返し
　　D台じり
(2)F　(3)さか目削り　(4)裏金
(5)G直進法　H斜進法
(6)H
2 (1)A糸のこ盤　B卓上ボール盤
(2)A　(3)B
3 ①ダイス　②ダイス回し　③おねじ
④タップ　⑤タップ回し　⑥めねじ
4 (1)ノギス　(2)イ　(3)ウ
(4)イ

(5)例材面に傷がつかないようにするため。
(6)ア

解説

1 (2)かんな身を抜くときは，台がしらの角を，かんな身と平行に交互にたたく(F)。かんな身を出すときは，かんな身のかしらをたたく(E)。
(3)(4)かんながけでは，ならい目削りになるようにすると表面がなめらかになる。さか目削りになってしまうときは，裏金を使うことで荒さを小さくすることができる。
(5)(6)直進法(G)は一般的な方法で，狭い範囲をきれいに削ることができる。斜進法(H)は削れる量が多く，広い面を荒削りするのに適している。
2 (2)糸のこ盤は木材の曲線引きや切り抜きを行うときに使用する。
(3)卓上ボール盤は，材料に通し穴(貫通した穴)や止まり穴(貫通していない穴)をあけるときに使用する。卓上ボール盤のドリルにはいくつかの種類があり，材料によって使い分ける。
3 ①～③ダイスを刻印面が見えるようにダイス回しに取りつけ，刻印面を下にしてダイス回しを回しながらおねじを切る。
④～⑥タップには先，中，上げの3つがある。止まり穴の場合，先タップ，中タップ，上げタップの順に使うことで下穴の奥までめねじが切れる。
4 (1)ノギスを用いると，寸法を精度よく(0.05mmまで)測定できる。また，穴の直径や深さの測定もできる。
(2)(3)繊維方向と直角にくぎを打つときは，tの約2.5倍の長さのくぎを用いる。繊維方向と平行にくぎを打つときは，tの約3倍の長さのくぎを用いる。
(4)(5)きりで下穴をあけてからげんのうでくぎを打つ。最初はげんのうの平らな面で，終わりはげんのうの曲面で打つ。
(6)研磨紙の目の細かさは番号(240番，400番など)で示され，番号が大きいほど目が細かい。

技術B　生物育成の技術

❶土壌　　　　❷団粒

❸三要素　　　❹間引き

❺摘芽　　　　❻露地

❼輪作

① (1)①気象　②温度　③生物　④雑草
　　⑤土壌　⑥養分
　(2)品種改良
　(3)A団粒構造　B単粒構造　　(4)A

② (1)A点まき　Bすじまき　Cばらまき
　(2)A　　(3)C　　(4)B

解説

① (1)気象環境，生物環境，土壌環境はそれぞれ気象的要因，生物的要因，土壌的要因ともいう。
　(3)作物の栽培には，すき間ができて通気性や保水性のよい団粒構造の土壌が適している。

② (2)～(4) **ミス注意** 大きな種は点まき，普通の大きさの種はすじまき，小さな種はばらまきが適している。

① (1)①窒素　②リン　③カリウム
　(2)元肥　　(3)追肥　　(4)有機質肥料
　(5)無機質肥料〔化学肥料〕

② (1)かん水　　(2)間引き　　(3)定植
　(4)誘引　　(5)摘芽　　(6)摘芯　　(7)摘果

③ (1)ウ　(2)ウ　(3)イ　(4)ア
　(5)連作障害　(6)輪作

④ (1)①露地栽培　②容器栽培　③水耕栽培
　(2)植物工場

⑤ ②，③，④に○

解説

① (1)トマトの場合，窒素が欠乏すると，生育が抑制され，葉が黄色になる。リンが欠乏すると，生育が抑制され，葉が暗い色になる。カリウムが欠乏すると，葉のふちから黄色くなる。それぞれの要素を適切な分量与える。生育にはほかにもカルシウムやマグネシウムなど，いろいろな養分が必要である。

(2)～(5)有機質肥料はゆっくり効き（遅効性），効果が長いため，元肥として利用することが多い。一方，無機質肥料はすばやく効く（速効性）ものが多く，追肥として利用する。

② (4)定植後，根を傷つけないように支柱を立てておく。茎は締めつけず，余裕をもって結ぶようにする。

③ (4)アブラムシは体長が2～4mmくらいで，新芽や葉，茎から汁液を吸う害虫。
　(5)(6)トマトとナスのように，同じ土に同じ科の作物を連続して栽培する（連作）と，病虫害が発生しやすくなる（連作障害）ので，異なる科の作物を間に栽培する（輪作）とよい。

④ 水耕栽培は養液栽培の一種である。養液栽培には，固形培地耕栽培もある。また，ビニルハウスや温室などで育てる施設栽培もある。

❶品種改良　　　❷給餌

❸搾乳　　　　　❹養殖

❺増殖　　　　　❻天然林

❼人工林　　　　❽間伐

① (1)家畜　　(2)①除ふん　②給餌　③搾乳
　(3)①養殖　②増殖　③放流　　(4)ア

② (1)①自然環境　②土砂災害　③持続可能
　(2)人工林　　(3)間伐

解説

① (1)家畜は人に飼われ，保護されながら繁殖し，人間生活に役立つように品種改良が行われてきた。人間は家畜から食料や衣料の原料，工業製品の原料を手に入れたり，労働力として家畜を利用したりしている。
　(2)①除ふんや清掃，換気，消毒などは，環境や衛生を管理する技術である。
　②給餌や給水などは，家畜の成長を管理する技術である。
　(3)増殖技術では，ある程度の大きさになるまで人の手によって育ててから自然環境の中に放し，水産生物の量を増やす。

② (1)森林は「緑のダム」といわれている。

p.18 ▶ ココが要点

❶再生可能　　　❷火力
❸水力　　　　　❹原子力
❺地熱　　　　　❻交流
❼ショート〔短絡〕　❽漏電

p.19 ▶ 予想問題

1 (1)イ　(2)80%　(3)25%
(4)ア
2 (1)①化石燃料　②ダムの水　③核燃料
　　④風　⑤太陽光　⑥地熱
(2)②，④，⑤，⑥　　(3)④，⑤
(4)①　　(5)②　　(6)③
(7)コンバインドサイクル発電

解説

1 (1)**ミス注意** 自然から得られるエネルギーを
一次エネルギーといい，一次エネルギーを利用
しやすくしたものを二次エネルギーという。再
生可能エネルギーは，枯渇する恐れがない。

(2)$\dfrac{80}{100} \times 100 = 80$〔%〕

(3)$\dfrac{50}{200} \times 100 = 25$〔%〕

2 (4)化石燃料を燃やしたときに，二酸化炭素が
多量に排出される。
(5)発電効率は，高いものから順に水力発電，火
力発電，原子力発電，風力発電，太陽光発電，
地熱発電である。

p.20～21 ▶ 予想問題

1 (1)直流〔DC〕　　(2)交流〔AC〕
(3)周波数　　(4)B
2 (1)

① 　② 　③ ⊗　④ ▭

(2)

(3)負荷　(4) 1.5W

3 ①C　②B　③A
4 (1)分電盤
(2)A電流制限器　B漏電遮断器
　C配線用遮断器
(3)ショート〔短絡〕　　(4)C
(5)漏電　　(6)B
(7)アース線〔接地線〕
(8)A　　(9)イ
(10)トラッキング現象
5 (1)回路計　　(2)ア，イ，エ

解説

1 (3)東日本では50Hz，西日本では60Hzである。
(4)交流は電圧の大きさを変えることが簡単なの
で，送電に適している。
2 (3)回路は，電源，導線，負荷で構成されている。
(4)電力は電圧×電流で求められる。
3〔V〕×0.5〔A〕＝1.5〔W〕
3 電気ストーブは熱エネルギーに変換して周囲
を暖める。モータは運動エネルギーに変換して
回転運動をする。LED電球は光エネルギーに
変換して周囲を明るくする。
4 (3)感電や火災につながり，危険である。
(5)～(7)本来電気が通ってはいけないところを電
気が通る。体が漏電した部分に触れると感電す
ることがある。アース線(接地線)を接続すると，
漏電したときに漏電遮断器が作動し，感電や火
災を防ぐことができる。
(9)ア電圧は100Vなので，1200Wの電気ストー
ブには，1200〔W〕÷100〔V〕＝12〔A〕の電流が
流れる。同様に，600Wの電気ポットに6Aの
電流が流れ，合わせて，12＋6＝18〔A〕の電流
がテーブルタップに流れる。これはテーブルタ
ップの定格電流15Aを超えているので危険であ
る。
イ同様に計算するとテーブルタップに流れる電
流は，1＋5＋6＝12〔A〕なので，定格値に収ま
っている。
5 (2)回路計を用いると，電流，電圧，抵抗など
の電気量を測定することができる。消費電力量
を直接測定することはできないので，測定値か
ら計算する。

もひとつ＋プラス　電気用図記号

コンセント	電源プラグ	発光ダイオード	コンデンサ

p.22　ココが要点

❶速度伝達比　　　❷摩擦車

❸クランク　　　　❹てこ

❺てこクランク　　❻カム

❼熱機関　　　　　❽はんだごて

p.23　予想問題

1 (1)速度伝達比　　　(2)2

2 (1)A平歯車　Bかさ歯車　C摩擦車

　　Dラックとピニオン

　　Eスプロケットとチェーン

　　Fプーリとベルト

　　Gウォームギヤ

　　(2)E，F　　(3)D　　(4)C，F

解説

1 (2)速度伝達比＝$\dfrac{\text{被動軸側の歯数}}{\text{駆動軸側の歯数}}$

$$=\dfrac{28}{14}=2$$

2 (1)ほかにも，プーリとベルトに歯をつけた，歯つきプーリと歯つきベルトもある。

(2)A，B，C，D，Gは2軸が近いときに使われる。E，F，歯つきプーリと歯つきベルトは2軸が遠いときに使われる。

(3)Dはピニオンの回転運動をラックの直線運動に変えることができる。ほかのしくみでは回転運動を伝えている。

(4)　ミス注意　C，Fは摩擦で，ほかのしくみはかみ合いで動力を伝達している。

p.24〜25　予想問題

1 (1)A平行クランク機構

　　B両てこ機構

　　Cてこクランク機構

　　(2)クランク　　(3)A，C，D

(4)てこ　　(5)B，C

(6)固定リンク　　(7)D　　(8)C

(9)カム機構

2 ①高さ　②ブレーキ　③たるみ

　④ライト　⑤空気圧

3 (1)A穴あきニッパ　Bスパナ

　　Cはんだごて

　　(2)①C　②B　③A

　　(3)D小ねじ　Eボルト　F軸受

　　Gナット

解説

1 (2)リンクとはリンク機構における棒のことである。

(3)(5)Aは2つのクランクと固定リンク，連接棒からなる。Bは2つのてこと固定リンク，連接棒からなる。Cはてこ，クランク，固定リンク，連接棒からなる。Dはクランク，スライダ，固定リンク，連接棒からなる。

(7)(8)往復直線運動は直線上を往復する運動，揺動運動は支点を中心とした円弧の往復運動である。

(9)カムの形状を変えることで，いろいろな動きをつくることができる。

2 ①サドルは，両足のつま先が地面に届くくらいの高さになっているかを点検する。調整は，シートピンレバーをゆるめて行う。

②ブレーキは，確実に働くかを点検する。調整するときは，ロックナットをスパナでゆるめ，調整ねじを回す。

③チェーンは，たるみがないかを点検する。調整は，後輪のナットをゆるめ，チェーン引きナットを締める。

④ライトは，約10m先が照らせるように調整する。

⑤タイヤの空気圧は，人が乗ったときの接地面の長さが約10cmになるように調整する。

3 (1)(2)スパナは，口幅がボルトやナットの頭の大きさに合ったものを選ぶ。めがねレンチもボルトを締めたりゆるめたりするときに使用する工具である。6つの角をつかむことができ，締めつけやすい。

技術D　情報の技術

❶ハードウェア　　❷中央処理

❸オペレーティング

❹アプリケーション

❺デジタル　　　　❻LAN

❼ファイアウォール　❽知的財産

1 (1)①演算機能，制御機能　②記憶機能

　　③入力機能　④出力機能

　(2)CPU

　(3)①ハードウェア　②ソフトウェア

　　③オペレーティングシステム〔OS〕

　　④アプリケーションソフトウェア

2 (1)アナログ情報　　(2)デジタル情報

　(3)画素　　(4)解像度　　(5)ア

　(6)8通り　　(7)MB

解説

1 (1)①中央処理装置は，情報を処理する演算機能と，命令を実行する制御機能の両方をもっている。

②メインメモリを主記憶装置，ハードディスクを補助記憶装置ともいう。

③入力機能をもつ装置を入力装置という。

④出力機能をもつ装置を出力装置という。

(3)①入力装置や出力装置はハードウェアである。

④携帯電話のアプリとは，アプリケーションソフトウェアのことである。

2 (1)(2) **ミス注意** 切れ目なく連続した情報であるアナログ情報を，切れ目のある段階的な値の情報であるデジタル情報に変換することを，デジタル化という。

(4)解像度の単位には，dpiが用いられる。これは，1インチ(2.54cm)あたりの画素数のことである。

(5)解像度が高くなるほどきめ細かな画像になるが，データ量が多くなり，保存には大きな記憶容量が必要になる。

(6)000，001，010，011，100，101，110，111の8通りの情報を区別できる。

1 (1)LAN　　(2)インターネット

　(3)ルータ　　(4)サーバ　　(5)プロバイダ

　(6)Webブラウザ　　(7)URL

　(8)通信プロトコル　　(9)IPアドレス

　(10)パケット

2 (1)不正侵入　　(2)認証システム

　(3)ファイアウォール

　(4)コンピュータウイルス

　(5)フィルタリング

　(6)暗号化　　(7)バックアップ

3 ①×　②○　③×　④×　⑤○

4 (1)知的財産　　(2)知的財産権

　(3)著作権　　(4)著作権法

　(5)産業財産権

解説

1 (1)Local Area Networkの略。限られた範囲のネットワーク。

(3) **ミス注意** ルータはネットワークどうしをつなげる役割があり，ハブは複数の機器をネットワークにつなげる役割がある。

(5)ISP(Internet Services Provider)ともいう。

(8)通信規約ともいう。世界共通で定められている。インターネットでは，TCP/IPなどの通信プロトコルが使われている。

(9)IPアドレスはわかりにくいので，IPアドレスに1対1で対応したドメイン名を設定する機器もある。

2 (1)不正アクセスともいう。不正侵入はもちろん，不正アクセスを助長させる行為(他人のパスワードを人に漏らすなど)も法律で禁止されている。

(2)個人認証ともいう。近年，指紋や静脈などによる生体認証の技術を用いたシステムも開発されている。

(3)防火壁という意味がある。ネットワーク外部からの不正侵入を防ぐ。コンピュータのソフトウェアにファイアウォールの機能を備えたものもある。

(4)コンピュータウイルスへの対策として，セキュリティ対策ソフトウェアをインストールすること，ソフトウェアを更新すること，不審な添付ファイルをブロックすることなどがある。

(6)暗号化されたWebページのURLは「https」で始まっている。また、かぎのマークが表示される。

3 ①氏名や住所、電話番号、年齢などの個人情報をみだりに公開してはいけない。

②③無断で載せてはいけないが、著作権をもっている人の許可をとれば問題ない。

④ルールを守って使用することが大切である。

⑤著作権を侵害する行為である。

4 (4)著作権は、無断で利用されないための権利である。他人の著作物でも、著作者や著作権者が許諾をしていれば利用できる。

(5)特許権、商標権、実用新案権、意匠権からなる。

などのようにテキストを入力するものと、Scratchなどのようにブロックを組み合わせてつくるものがある。

2 (3)「人がいる」という条件にあてはまるときは「ライトをつける」という動作を行い、「人がいない」という条件にあてはまるときは「ライトを消す」という動作を行うプログラムである。

3 (4)双方向性のあるコンテンツでは、送る側のプログラムと受け取る側のプログラムが存在する。

4 (3)センサには、ほかに赤外線センサ、重量センサ、加速度センサなど、さまざまな種類がある。

---

p.30〜31　ココが要点

❶プログラム　❷プログラミング
❸プログラミング言語　❹アクティビティ図
❺フローチャート　❻順次
❼反復　❽分岐
❾コンテンツ　❿変数
⓫デバッグ　⓬アクチュエータ
⓭センサ　⓮インタフェース

---

p.32〜33　予想問題

1 (1)プログラム　(2)プログラミング
(3)プログラミング言語　(4)ア

2 (1)①フローチャート
②A順次処理　B反復処理
C分岐処理
(2)アクティビティ図
(3)①つける　②消す

3 (1)①メディア　②情報
③働きかけ
④応答
(2)バグ　(3)デバッグ
(4)例ネコが「あなたの名前は何ですか?」と聞き、入力した名前を人間が答えるプログラム

4 (1)計測・制御システム　(2)センサ
(3)例温度センサ、光センサ、湿度センサ
(4)インタフェース　(5)アクチュエータ

解説

1 (4)プログラム言語には、C言語やJavaScript

---

p.34　ココが要点

❶エスケープ　❷スペース
❸デリート　❹バックスペース
❺エンター　❻ファンクション

---

p.35　予想問題

1 ①ア　②ク　③オ　④イ　⑤ウ

2 (1)セル　(2)アクティブセル
(3)行番号　(4)列番号
(5)SUM(A2:E2)
(6)AVERAGE(A2:E2)

解説

1 ア半角／全角キー、イバックスペースキー、ウデリートキー、エテンキー、オエンターキー、カシフトキー、キ無変換キー、クスペースキー、ケ変換キー、ココントロールキー、サカーソルキー

もひとつ➕プラス　よく使う関数の例

SUM	合計を求める関数
AVERAGE	平均を求める関数
MAX	範囲内の最大値を求める関数
MIN	範囲内の最小値を求める関数

第2編　家庭分野

家庭A　家族・家庭生活

❶自立　　　　　　❷共生
❸家庭　　　　　　❹男女共同参画

① ①イ　②エ　③ア　④ウ
② (1)①衣食住　②安らぎ　③生活文化
　　④収入　⑤子ども　⑥地域
　(2)①エ　②ア　③イ　④ウ
　(3)ワーク・ライフ・バランス
　(4)育児・介護休業法
③ ウ

☝解説

② (2)このほかに，①レストラン，②衣服のレンタル，③仕まいの修理，④介護などをする老人福祉施設(高齢者施設)もあてはまる。
(3)男女共同参画社会の推進のため，仕事だけでなく，家庭などでの私的な時間も大切にし，バランスをとることが求められている。
(4)介護のためにも休業できる法律。
③ イ友達や教師，地域の人や自治体，NPOなどに相談するとよい。

❶乳児　　　　　　❷幼児
❸発達　　　　　　❹順序性
❺情緒　　　　　　❻社会性
❼自我　　　　　　❽基本的
❾社会的　　　　　❿おやつ〔間食〕
⓫遊び　　　　　　⓬おもちゃ
⓭伝承遊び　　　　⓮保育所
⓯幼稚園
⓰子どもの権利〔児童の権利に関する〕
⓱児童憲章　　　　⓲児童福祉

① (1)A 1　B幼児期　C児童期　D個人差
　(2)イ，ウ

(3)①，④に○
(4)①カ　②オ　③イ　④ア　⑤エ　⑥ウ
(5)第1次反抗期
② (1)食事，睡眠，排せつ，着脱衣，清潔
　(2)①イ，ウ，カ　②ア，エ，オ
③ (1)①友達　②大人　③大勢〔大人数〕
　(2)B→D→A→C
　(3)ウ
　(4)STマーク〔玩具安全マーク〕
④ (1)エ
　(2)例怪我をさせないよう，爪を切っておく。
　　〔髪をまとめる。／幼児を肩より高く持ち上げない。〕
⑤ (1)①ウ　②イ　③エ　④ア
　(2)A人　B社会　C環境
　(3)子どもの権利条約
　　〔児童の権利に関する条約〕

☝解説

① (1) **ミス注意** 0歳〜1歳が乳児期，1歳〜6歳の小学校入学までが幼児期，小学生の間が児童期となる。D乳幼児期の発達に男女差はほとんど見られない。
(3)②呼吸数，脈拍数は多い。③汗をかきやすい。なお，身長と体重の発達は次の通り。

	出生時	1歳	4歳
身長	約50cm	約75cm	約100cm
体重	約3kg	約9kg	約15kg

(4)③大きな動きから細かい動きへと変化する。2〜3歳のころには，自我が芽生えて自己主張が強くなる一方，我慢をしたり，自分の気持ちを表現することが難しい。
(5)第2次反抗期はちょうど中学生の時期。
② 大きな分類と，具体的な行為を結びつけて覚えておこう。生活習慣を習得する順や，幼児の発達に配慮して周りの人が模範となるなど，できる援助についても考えておく。
③ (1)(2)0〜1歳の間は，1人で遊んだり大人に遊んでもらったりするが，情緒や社会性の発達につれて，複数の友達と複雑な遊びができるようになる。
(3)ア使い方が限定されず，いろいろな遊び方ができるものがよい。おもちゃとしてつくられたものだけでなく，石や木などの自然物や空き箱

などもよいおもちゃになる。**イ**大人だけでなく，同年齢・異年齢の子どもと遊べる環境をつくることも大切である。

4 (1)**ア**むやみに大声でしからない。**イ**しゃがんだり，座ったりして同じ目線になって話しかける。**ウ**笑顔で接する。**オ**声をかけて理由を聞いたり，解決方法を考えたりするなどの対応をする。
(2)ほかに，ヘアピンやアクセサリーなどを身につけないなどでも正解。

5 (1)④市町村などが設置している。児童館・児童相談所など，ほかの子どもに関連する機関・施設もおさえておく。
(2)児童憲章は1951年5月5日に日本国憲法の精神に基づいて制定されたもの。子どもの権利の確認と，子どもの幸福を図るために社会が果たす権利と義務を定める。
(3)国際連合が，児童(18歳未満のすべての人)の人権の尊重と，子どもの保護の促進を目指して提案した。

p.42　ココが要点
❶ロールプレイング　❷少子高齢
❸認知症　❹おじぎ
❺わき　❻地域

p.43　予想問題
1 イ
2 (1)①手　②お尻　③ひざ　④わき
(2)ア，エ，カ　(3)認知症
(4)例ゆっくりと，聞こえやすい大きさで話しかける。
3 ウ

解説
3 **ア**中学生も地域の行事や防災訓練など，できる範囲で参加するとよい。**イ**家族の生活には，地域とのつながりも大切である。**ウ**異なる世代の人びととも積極的に関わる。

家庭B　衣・食・住の生活

p.44　ココが要点
❶エネルギー　❷食文化
❸食習慣　❹生活習慣病
❺食物繊維　❻たんぱく質
❼食品成分　❽無機質
❾脂質　❿献立

p.45　予想問題
1 A生命・健康　B体　C活動
D人と人の触れ合い　E生活のリズム
F食文化
2 (1)A食事　B運動　C休養
(2)①食習慣　②生活習慣病
③ア，オ
(3)①体温　②エネルギー
(4)ア

解説
1 食事そのものが楽しみにもなる。
2 (2)②高血圧，心臓病，脳卒中も含まれる。
(3)②エネルギーのもととなるぶどう糖はあまり体内にためられないので，朝食で補給する。
(4) ミス注意 近年「こしょく」が増えている。**イ**いっしょに食事をしてもそれぞれ別のものを食べること。**ウ**家族や友人とともにとる食事のこと。

p.46〜47　予想問題
1 (1)Aたんぱく質　B無機質　Cビタミン
D炭水化物　E脂質
(2)A，B，E
(3)Xカルシウム　Yカロテン
Z食物繊維
(4)脂質　(5)食事摂取基準
(6)aエネルギー　bたんぱく質
cカルシウム　d鉄
e B$_1$　f B$_2$(e，f順不同)
(7)例成長期で，活動量も多いから。
(8)①栄養素　②老廃物　③体温
2 (1)①たんぱく質　②カルシウム
③カロテン　④ビタミンC
⑤炭水化物　⑥脂質

(2)①ウ，コ　②エ，キ　③イ，ケ
　　④ア，サ　⑤カ，ク　⑥オ，シ
(3)食品成分表
3 (1)①食品群別摂取量　②主菜　③副菜
　(2)3群
　(3)ウ　(4)一汁三菜〔一汁二菜〕

解説

1 (2)E脂質は主にエネルギーになるが，表にあるように一部は体の組織もつくる。それぞれの栄養素の主な働きと，補助的な働きを覚える。
(4)たんぱく質，炭水化物は1gあたり約4kcalのエネルギーが発生する。

2 (2)**ミス注意** コ豆腐は豆製品なので1群，シごまは油脂が多く含まれる6群にあたる。

3 (2)緑黄色野菜が欠けている。
(3)ごぼうは4群，きゅうりは4群，わかめは2群，なすは4群である。

もひとつ プラス 食品群

1群	たんぱく質のほか，脂質・ビタミンなども含む
2群	カルシウムのほか，乳製品→たんぱく質など，小魚→たんぱく質・鉄など，海藻→鉄などを多く含む
3群	カロテンのほか，ビタミンC，食物繊維，カルシウム，鉄なども多く含む
4群	ビタミンCのほか，カルシウムも多く含む
5群	炭水化物のほか，穀類はたんぱく質，いも類は食物繊維も含む
6群	バターなどの動物性油脂と，ごま油などの植物性油脂に分かれる

p.48　ココが要点
❶生鮮食品　　❷加工食品
❸食品添加物　❹消費期限
❺賞味期限　　❻食物アレルギー
❼JAS　　　　❽特定保健用食品
❾食中毒　　　❿細菌

p.49　予想問題
1 (1)旬，出盛り期
　(2)味がよい，栄養素の量が多い，価格が安いから2つ
　(3)①缶詰，レトルト食品

②ジャム，梅干し
③チーズ，みそ
④乾めん，煮干し
2 (1)Aイ　Bエ　Cウ
　(2)①膨張剤　②発色剤　③保存料
　　④調味料　(3)イ
3 ①×　②○　③○　④○

解説

1 (3)③発酵食品。みそは大豆から，チーズは牛乳からつくられる。牛乳や大豆からつくられる加工食品は多いので確認しておこう。

2 (1)イ日本農林規格をJAS規格ともいう。
(2)香料は香りをつける食品添加物。
(3)ア劣化が早いものに消費期限，比較的長く保存できるものには賞味期限が表示される。ウ原材料は重量の重い順に表示される。エ生鮮食品にも名称と原産地の表示が義務づけられている。

3 ①いも・かぼちゃは室温での保存がよい。

もひとつ プラス 生鮮食品の旬

春	たけのこ，アスパラガス	さわら，にしん
夏	トマト，なす	あゆ，すずき
秋	ごぼう，さつまいも	さけ，さんま
冬	ねぎ，ほうれんそう	ぶり，たら

p.50　ココが要点
❶肉　　　　　　　❷ドリップ
❸魚　　　　　　　❹野菜
❺褐変　　　　　　❻地産地消
❼郷土料理　　　　❽行事食
❾食品安全委員会　❿食料自給率
⓫フード・マイレージ

p.51　予想問題
1 (1)①オ　②ウ　③ア
　(2)A小口切り　B半月切り
　　Cみじん切り
　(3)aウ　bア　cウ　dイ　eエ
2 (1)Aたんぱく質　B部位　C筋
　　D強　E水
　(2)①ウ　②イ　③エ
　(3)ウ

1 (1)計量スプーンは容量と使い方を覚えておこう。粉類を計るときはすり切りべらを使う。
(2)切り方と名前を結びつけておく。

2 (2)アハンバーグなどで混ぜる卵の役割。
(3)ア，イ組織がしっかりして弾力があり，ドリップが出ていないものを選ぶ。

もひとつ➕プラス 調味料の「さしすせそ」

「さ」は砂糖，「し」は塩，「す」は酢，「せ」はしょうゆ，「そ」はみそのこと。調味の際は，基本的にさしすせその順に加えていくとうまく味がつく。

p.52～53 ▶ 予想問題

1 (1)A脂質 B旬 (2)①ア ②イ
(3)脳卒中〔心臓病，脳梗塞，動脈硬化〕
(4)①弾力 ②ドリップ〔液汁〕
③目 ④うろこ

2 (1)A食物繊維 Bかさ C塩
(2)例切り口が黒く〔褐色に〕なる。
(3)aエ bア

3 (1)Aイ Bア Cエ Dオ Eカ
(2)①オ ②ア ③ウ ④エ
(3)地産地消 (4)イ

4 (1)①食品安全基本法 ②食品安全委員会
(2)①食料自給率 ②約40〔38〕%
(3)①フード・マイレージ
②バーチャル・ウォーター
③エコクッキング
(4)食品ロス
(5)ア

🎵 **解 説**

1 (2)① ミス注意 さけの身には赤味があるが，肉質から白身魚に分類される。②赤身魚と白身魚の特徴は正反対である。

2 (1)B加熱するとかさが減って食べやすいが，ビタミンCが減少することもおさえておく。
(3)b青菜に含まれるクロロフィルは熱に弱いため，沸騰した湯で短時間ゆでる。

3 (1)ウ長野県の郷土料理。住んでいる地域の郷土料理が出題されやすいので調べておく。
(2)③秋の彼岸なのでウおはぎが正解。イぼたもちは春の彼岸での呼び方。両者は基本的に同じ食べ物である。
(4)地産地消の取り組みでは，旬でない食材は手に入りにくい。

4 (2)2017年度における食料自給率は38％で，主要先進国の中で最も低い水準である。自給率の低い油脂・畜産物の消費増に加えて，自給率の高い米の消費が減っていることが主な原因。
(5)ア私たち消費者も積極的に食品の安全に関する情報を求めて行動することが大切。イごみを減らすために，過剰な包装は断り，必要最小限のものを選択する。ウ計画的に必要な分だけ購入する。

もひとつ➕プラス お節料理の意味

こぶ巻き	「よろこぶ」にかけた縁起物
えび	腰が曲がり，ひげが生えるまで長生き
伊達巻き	学問・文化の繁栄を願う
数の子	卵の数の多さから子孫繁栄を願う
黒豆	勤勉で健康に暮らせることを願う
田づくり	ごまめ。五穀豊穣を願う

p.54～55 ▶ ココが要点

❶保健衛生上 ❷生活活動上
❸社会生活上 ❹T.P.O.
❺平面 ❻立体
❼試着 ❽サイズ
❾組成 ❿取り扱い
⓫採寸 ⓬洗濯
⓭天然繊維 ⓮化学繊維
⓯しみ抜き ⓰界面活性剤
⓱アイロン ⓲ブラシ
⓳玉どめ ⓴まつり縫い
㉑スナップ

p.56～57 ▶ 予想問題

1 (1)①所属 ②個性 ③社会的(な)
(2)Aエ Bア Cイ Dオ Eウ
(3)a同系色 b反対色 cモノトーン
(4)T時間 P場所 O場合

2 (1)①洋服 ②和服
(2)①A ②B

3 ②に○

④ (1)①サイズ表示　②組成表示
　　③取り扱い表示　④原産国表示
　(2)Aイ　Bア　Cオ　Dウ　Eク　Fキ
　(3)a 手洗い　b 漂白
　　c ドライクリーニング　d 平干し
⑤ ①バスト〔胸囲〕　②チェスト〔胸囲〕
　③ウエスト〔胴囲〕　④ヒップ〔腰囲〕

解説

① (2)ア運動をしやすくする。イ所属を表す。ウ慣習に合わせている。エ体を清潔に保つ。オ個性を表現できる。
　(3)a 色相環で隣り合う色。b 色相環でほぼ反対にある色。
　(4)Time, Place, Occasionの頭文字をとったもの。
② (2)A洋服，B和服。
③ ①衣服は価格だけでなく，品質も考慮して購入する。安くても品質が悪い場合もあるので注意しよう。③自分で製作したり，人から譲り受けるなどの手段もある。
④ (2)ア40℃を限度に洗濯機で弱い洗濯ができる。記号の下線の本数が多いほど弱いという意味になる。ウ石油系溶剤によるドライクリーニングができる。エ塩素系及び石油系溶剤によるドライクリーニングができる。カつり干しにする。キタンブル乾燥禁止。
　(3)おけは洗濯，△は漂白，○はドライクリーニング，□は乾燥に関する記号である。
⑤ ①胸の最も高いところを水平に測る。②腕の付け根の下端から胸の周りを水平に測る。③女子は腰の最も細いところを，男子は腰骨の上端の真上を水平に測る。④腰の最も太いところを水平に測る。

p.58〜59　予想問題

① ③，④に○
② (1)A植物繊維　B動物繊維　C合成繊維
　(2)①ポリエステル　②絹　③綿，麻
　(3)混用
　(4)例それぞれの繊維の長所を生かし，短所を補うことができるから。
③ (1)①取り扱い　②合成洗剤
　　③弱アルカリ
　(2)界面活性剤　(3)ア

④ (1)ウ
　(2)②に○
　(3)①A低　B中　C狭い
　　②aウ　bア　cエ
⑤ (1)①玉結び　②まつり縫い　③玉どめ
　(2)イ

解説

① ①②汗や皮脂など目に見えにくい汚れもつく。放置すると変色したり，性能が低下したりするので，早めに手入れする。
② (2)①速乾性，縮まない，再汚染しやすいのは主な合成繊維に共通する特徴。ナイロン，アクリルは熱に弱いため，アイロンは低温(110℃以下)が適している。②毛も黄変するが光沢をもつのは絹。
　(3)混用のうち，糸から混ぜることを混紡，異なる繊維の糸を混ぜて織ることを交織という。
③ (3)ア絹や毛などアルカリに弱い繊維には，汚れ落ちはやや劣るが，洗い上がりの風合いがよい中性洗剤を使う。イ洗剤を使ってもひどい汚れは落ちないことがある。事前に部分洗い，しみ抜きをしておく。ウ洗剤を多く使っても汚れ落ちはよくならない。
④ (1)アドライクリーニングできる表示がある。イ弱アルカリ性の洗剤を使用してよい。エ40℃を限度に弱い洗濯機洗いができる。
　(2)①水性のしみも時間が経つと落としにくくなる。②油性のしみのうち，カレーなどは色素が残りやすい。③こすったりもんだりせず，裏側からたたいて落とす。
　(3)②記号の中の●の数が多いほど高い温度でかけられることを示す。
⑤ (2)ア1本どりにする。ウ上前に凸，下前に凹のスナップをつける。

もひとつ＋プラス　手縫い

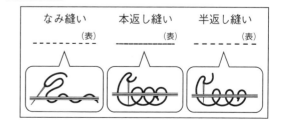

なみ縫い	本返し縫い	半返し縫い
（表）	（表）	（表）

13

❶型紙　　　　　❷バイアス
❸地直し　　　　❹まち針
❺しつけ　　　　❻返し縫い
❼クールビズ　　❽リデュース
❾リユース　　　❿リサイクル

1 (1)①裁ちばさみ　②糸切りばさみ
　　　③チャコペンシル〔チャコ鉛筆〕
　　　④リッパー　⑤ルレット
　(2)1→エ→イ→ア→ウ
2 (1)A天びん　Bはずみ車　C送り調節器
　　　D押さえ　E釜
　(2)返し縫いをする。〔上糸と下糸を結ぶ。〕
　(3)①ウ　②ア，イ　③ア，エ
3 (1)①ウ　②オ　③イ
　(2)ウォームビズ

解説

1 (1)①布を裁つ。②糸を切る。③しるしつけに
　用いる。④縫い目をほどく。⑤しるしつけに用
　いる。
　(2)片側から打つとずれやすくなる。
2 (1)ほかの部分の名前は次の通り。

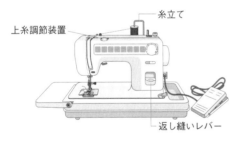

（糸立て、上糸調節装置、返し縫いレバー）

　(3)ミシンの不具合の原因を整理しておく。①送
　り歯に原因があることもある。②上糸のかけ方
　も確認する。③針が曲がっていないかも確認す
　る。
3 (1)ア原料に戻して別の製品に再生利用するこ
　と。エ好みなどに合わせて補正すること。

もひとつ＋プラス　さまざまな布地

平織り	あや織り	不織布
・ブロードなど	・デニムなど	・フェルトなど

❶移動と収納　　　❷生理・衛生
❸家事作業　　　　❹和式
❺洋式　　　　　　❻和洋折衷
❼家庭内事故　　　❽バリアフリー
❾ユニバーサル　　❿火災警報器
⓫避難　　　　　　⓬家具
⓭二酸化炭素　　　⓮シックハウス症候群
⓯一酸化炭素　　　⓰結露
⓱換気　　　　　　⓲換気扇
⓳騒音　　　　　　⓴再生可能

1 (1)①生活　②休養　③プライバシー
　　　④安心
　(2)Aイ　Bエ　Cオ　Dウ　Eア
　(3)①玄関　②居間　③トイレ
　(4)LDK
2 (1)Aイ，ウ　Bア，エ
　(2)aエ　bア　cウ
3 (1)A高齢者　B(乳)幼児
　　　Cバリアフリー
　　　Dユニバーサルデザイン
　(2)①エ　②ウ　③イ　④ア
4 (1)Aカビ　Bダニ　C化学物質
　　　D二酸化炭素　E一酸化炭素
　(2)Aイ　Bイ　Cア　Dウ　Eエ
　(3)①気密性　②換気　　(4)ウ

解説

1 (4)Lはリビング（居間），Dはダイニング（食
　事室），Kはキッチン（台所）を表す。
2 (1)和式と洋式の長所と短所は，ほぼ反対の関
　係。畳の部屋にソファやベッドを置くなど，和
　洋折衷の住まい方も増えている。
　(2)a北海道，b岐阜県と富山県，c沖縄県。ア
　岐阜県と富山県の一部の地域に残る伝統的な住
　まい。世界文化遺産にもなっている。イ京都の
　町屋の特徴。
3 (1)家庭内事故は高齢者，乳幼児，障がいのあ
　る人などで多く発生。バリアフリーやユニバー
　サルデザインに配慮する住まいでは，あらゆる
　人にとっても暮らしやすくなる。
　(2)①②家庭内事故対策。③④防災対策。

4 (1)**A B**カビとダニの増殖する条件は似ている。カビは浴室などに多く発生し，ダニは暗いところ，もぐれるところなどを好む。

(2)**D**二酸化炭素は濃度が上がると体調不良を引き起こす。**E**一酸化炭素は強い毒性をもち，微量でも死に至る中毒症状を起こす。

(4)**ウ**自分が心地よいと感じる音でも，ほかの人にとっては騒音となることもある。

もうひとつ＋プラス 住まいの火災・防犯対策

火災対策	・火の使用中は目を離さない ・火器の周辺に燃えやすいものを置かない ・消火器，ガス漏れ警報器，火災警報器を設置 ・近隣との協力体制をつくる
防犯対策	・二重の鍵，格子窓の工夫 ・暗がりをつくらない ・留守であることをわからないようにする ・近所の人と日常的に関わりをもつ

家庭C　消費生活と環境

p.66〜67 ココが要点

❶無店舗販売　❷プリペイド型電子

❸デビット　❹消費支出

❺非消費支出　❻契約

❼三者間　❽悪質商法

❾製造物責任　❿クーリング・オフ

⓫国民生活　⓬アフター

⓭消費者市民　⓮グリーン

⓯エシカル　⓰循環型

p.68〜69 予想問題

1 (1)A物資　Bサービス

(2)イ，ウ

2 (1)消費

(2)aイ，エ，カ　bア，ウ，オ

(3)①a　②b　③a　④b

(4)A前払い　B即時払い　C後払い

(5)クレジットカード

(6)キャッシュレス化　　(7)③に○

3 (1)①購入の意思　②合致〔合意〕

(2)義務ウ　権利イ

(3)できない。　(4)イ，エ

(5)三者間契約

4 (1)①マルチ商法　②キャッチセールス

③悪質な訪問販売

④アポイントメントセールス

(2)①特定商取引に関する法律

②消費者契約法

③消費者基本法

(3)①消費者庁

②消費生活センター〔消費者センター〕

解説

1 (1)(2)形のあるものが物資，ないものがサービス。

2 (2) **ミス注意** ウ店舗とはみなされない。

(5)デビットカードは金融機関のキャッシュカードを買い物に利用できるようにしたもので，すぐに口座から代金が引き落とされる。したがって，即時払いに使う。プリペイドカードは，事前に代金を支払って使うカード。

(7)①商品を購入する人はすべて消費者である。中学生も消費者の1人として自覚をもつことが求められる。②デビットカードもある。

3 (4)ア原則的に家族との約束は契約にならない。エ注文した時点で契約は成立する。

4 (1)悪質商法の名前と手口を関連づけておく。悪質商法に対しては，相手にしない，無視することが基本的な対処法である。

(2)①クーリング・オフの規定も定める。②事実と異なることを告げる，契約するまで帰さないなどが悪質な勧誘にあたる。③「消費者保護基本法」を改正した法律。

(3)②自治体によって名前が異なる。住んでいる地域での名前も確認しておこう。

p.70〜71 予想問題

1 (1)クーリング・オフ

(2)イ，オ　(3)8　(4)ア　(5)イ

2 (1)ASGマーク　BJASマーク

Cグリーンマーク　Dエコマーク

EJISマーク

FSTマーク〔玩具安全マーク〕

(2)①E　②D　③A　④C

(3)価格〔アフターサービス，環境への配慮〕

3 (1)①安全　②意見

③知らされる　④補償

　　⑤選択　⑥教育

　　⑦基本的ニーズ　⑧環境

　(2)①C　②D　③A　④B

　(3)国際消費者機構〔CI〕

4 (1)エシカル消費

　(2)グリーンコンシューマー

　(3)消費者市民社会　　(4)SDGs

　(5)①ア　②オ　③イ

🔍解説

1 (1)頭を冷やして考える，という意味。

(2)通信販売には，クーリング・オフが適用されない。

(3)購入した日から8日間が基本。マルチ商法など一部の販売方法は20日間となる。

(4)ア中学生のような未成年の場合，法定代理人(保護者)の同意のない契約は取り消すことができるが，小遣いの範囲内の契約であるなど解除できないこともある。最近は，中学生によるインターネットショッピングやオンラインゲームなどのトラブルも増えている。ウクーリング・オフができない通信販売では，返品の可否など慎重に事業者を選ぶとよい。ジャドマママークは，公正な販売に努めている事業者を示す。

ジャドママーク

2 (1)(2)**ミス注意** 紛らわしいマークを区別しておく。B日本農林規格を満たす農林水産物とその加工品。日本農林規格に関するマークとしてはほかに，有機農産物とその加工品に表示される「有機JASマーク」もおさえておく。F日本玩具協会の安全基準を満たすおもちゃに表示される。

3 (1)消費者の権利はアメリカのケネディ大統領が4つの権利を提唱したのが始まり。現在の8つの権利と5つの責任は，国際消費者機構(CI)が提唱したもの。

(2)Cフェアトレードとは，原料や製品を適正な価格で継続的に購入する貿易のしくみ。開発途上国などの立場の弱い生産者を支援できる。このほか高齢者などの社会的弱者に配慮した商品を購入するなどの行動もあてはまる。Eトラブルなどを消費生活センターに相談したり，消費

者の運動を起こしたりする行動があてはまる。

4 (1)(2)必要なものを必要なだけ購入したり，環境負荷が少ない製品を購入したりする。

(5)不要になった(壊れた)ものを，**イ**再利用すること，**ウ**原料に戻して再生利用すること，**エ**修理して使うこと。3R＝リユース・リデュース・リサイクル。

もうひとつ+プラス　悪質商法

催眠商法 （SF商法）	閉め切った部屋に人を集め，話を巧みにして雰囲気を盛り上げ，高額な商品を購入させる
デート商法	出会い系サイトなどで知り合い，恋人のような親しい関係を築いて，高額な商品を購入させる
ネガティブオプション	勝手に商品を送りつけ，代金を一方的に請求する。14日間は処分せずに無視すればよい
サクラサイト商法	芸能人などになりすまし，有料のメール交換サービスなどを利用させる
当選商法	抽選に当たったなどと喜ばせて，商品を購入させたり，手数料を振り込ませたりする
ワンクリック詐欺	知人などを装ったメールに記載されたURLをクリックすると，有料サイトに接続したとして利用料金を請求される

6 5 4 3 2
D C B A